陈洪 著

王牌空军战斗手册——战役

科学普及出版社
·北 京·

图书在版编目（CIP）数据

战役 / 陈洪著 .—北京：科学普及出版社，2012，5
（王牌空军战斗手册）（2013.5重印）
ISBN 978-7-110-07758-0
Ⅰ.①战… Ⅱ.①陈… Ⅲ.①空战—战争史—世界—青年读物
②空战—战争史—世界—少年读物 Ⅳ.① E19-49

中国版本图书馆 CIP 数据核字（2012）第 086815 号

选题策划 杨虚杰
责任编辑 杨虚杰 张雯鑫
封面设计 李 丽
责任校对 王勤杰
责任印制 李春利 马宇晨

出版发行 科学普及出版社
地 址 北京市海淀区中关村南大街 16 号
邮 编 100081
发行电话 010-62173865
传 真 010-62179148
网 址 http://www.cspbooks.com.cn

开 本 635mm×965mm 1/12
字 数 120 千字
印 张 14
印 数 5001—15000 册
版 次 2012 年 5 月第 1 版
印 次 2013 年 5 月第 2 次印刷
印 刷 北京正道印刷厂

书 号 ISBN 978-7-110-07758-0 / E · 32
定 价 19.90 元

（凡购买本社图书，如有缺页、倒页、脱页者，本社发行部负责调换）

目录

第一次世界大战及其之前的空中作战

第一次世界大战（简称“一战”，1914 年 8 月—1918 年 11 月）

第一次来自飞机的袭击

1911 年 11 月 1 日，此时的意大利与土耳其战事正酣，随着一阵猛烈的炮火过后，硝烟慢慢飘散了，双方阵地上多了一些弹坑。早已习惯了这种地面炮火的士兵们松了一口气。突然，从天空中的云朵里钻出一只鹞鹰似的东西，呼啸着飞向土耳其军队阵地的上空，“飞机”！“飞机”！趴在战壕里的土耳其士兵站起来指着天空中的目标大声叫喊，就在此时，他们隐约看见飞机座舱里的飞行员微笑着拿出一些东西扔下来，随着轰隆隆的爆炸声与阵地上受伤士兵的哭喊声，惊魂未定的土军才明白，这是飞机在投炸弹。是的，这是人类历史上的首次轰炸，也是飞机首次参战。驾驶这架飞机的飞行

法国“纽波尔”战斗机

里希特霍芬

员是意军的加沃蒂少尉，他在这次战斗中投下的是4枚各重2千克的榴弹。在这次战争中意大利陆军动用了9架飞机，11名飞行员组成航空队参战。在此之前，意军还出动飞机进行战地侦察、投撒传单、空中照相等活动。特别值得一提的是，1912年6月11日夜间，意大利飞行员马连戈又一次对土军营地投放了数枚炸弹，进行了首次夜间轰炸。而他的夜航设备仅仅是固定在飞行帽上的一个普通手电筒。当时飞行员投弹也仅仅是将炸弹打开保险，用手拿起来抛出座舱，有时甚至是向着敌军阵地抛下手榴弹。但毕竟从此拉开了飞机参战的序幕，战神插上了翅膀。

空中“巨无霸”——世界上第一架重型轰炸机

俄国的“伊时亚·穆罗梅茨”是世界上第一架装备4台发动机的重型轰炸机。也可以称其为空中“巨无霸”。这是一架双翼机，每台发动机的功率为220马力（1马力=735.5瓦，下同），翼展24.9～34.50米，长15.5～22米，飞行重量6100～7500千克，载弹量达400千克，武器装备有8挺机枪，机组成员4～8人，速度达137千米/时，升限4000米，航程540千米，1913年首次飞行。它是当时世界上最先进的飞机，也是俄国的骄傲。俄国人以英勇果敢、质朴谦逊的俄罗斯勇士“伊利亚·穆罗梅茨”的名字命名。当时大多数设计师们都对是否有可能制造多发动机的飞机表示怀疑，所以这架飞机的问世无疑是一种创举。1914年这架飞机作了一次载客15人的飞行，1915年2月15日，一架“伊利亚·穆罗梅茨”型飞机首次袭击了德国本土，投掷了272千克炸弹，1916年6月这架飞机以14小时38分飞行了1000余千米的航程（中途着陆一次），创造了当时的世界纪录。该机当时已经能够运载1吨炸弹，加上俄国自制的轰炸瞄准具，使飞机轰炸的精确度大为提高。第一次世界大战中该机正式投入使用，用于袭击敌人后方目标。在此期间无论是敌国还是盟国都不曾制造出可与之相媲美的轰炸机。从1915年首次飞向战场到1917年十月革命成功，这种轰炸机一共进行了422次突击任务，投弹2000余枚。

视死如归的空中勇士——空中撞击战术的诞生

飞机逐步发展成为作战武器之后，开始时仅作为侦察机飞往对方阵地上空进行目视侦察。有时敌对方两架飞机相遇，飞行员互相用手枪射击。1914年8月第一次世界大战爆发时，有的飞机上已装备有机枪，但还不普遍。在缺乏有效武器的历史条件下产生了空中撞击战术。1914年8月18日至9月21日，俄国同奥匈帝国军队进行加里西亚会战，双方都派出飞机进行侦察。同年9月8日，俄国飞行员彼得·尼古拉耶维奇·涅斯捷罗夫上尉驾驶一架功率30马力、速度164千米/时的“莫拉纳”式轻型单翼机，用自己机上钢管焊接的起落架撞击一架奥地利双座侦察机，两架飞机挂在一起，双双坠毁，同归于尽。从此空战史中出现了空中撞击战术并且成为勇敢者的武器。据苏联史料记载，苏联志愿航空队援华抗日作战期间，苏联飞行员古边科在1938年5月31日的武汉保卫战中，采用了空中撞击战术，掀开了苏联空军史上空中撞击的第一页。在苏联卫

空军战略1

空军战略是筹划与指导空中战争全局的策略，也是筹划与指导空军建设和作战全局的策略。从世界范围来说，空军战略较早出现于意大利军事理论家杜黑1921年所著的《制空权》一书中。以后英国的特伦查德和美国的米切尔也都提出了空军建设和运用的空军战略理论。

国战争期间，有500名苏联飞行员采用过空中撞击战法，其中19人进行过两次以上的撞击。苏联英雄鲍里斯·伊万诺维奇·科夫赞是世界上完成此战术动作最多的飞行员，共进行了4次空中撞击。

云海蓝天识敌友

在激烈复杂的空中战场上，飞机如何在蓝天与白云中识别敌友呢？这是一个很重要的问题。第一次世界大战初期，飞机的活动很少受到敌机的阻挠，更多的威胁来自敌军地面火力。因为步兵往往只要看到飞机向他们靠近，就不分青红皂白地向飞机开火。随着战场上空作战飞机数量不断增多，区别敌我飞机的问题越来越迫切。法国最早着手解决这个问题。

1914年10月，他们将中心是蓝色，里圈白色，外圈红色组成的传统帽徽画在他们飞机的机翼上，作为识别标志。德国和英国也相继效仿。德国在其飞机机翼和方向舵上画上黑十字架。英国人最初在飞机上最容易看得见的部位画上小尺寸的英国国旗，后来发现小尺寸的国旗很难看清，于是英国远征军司令部命令在机翼上所允许的最大范围内画上一幅尽可能大的国旗，并且采用像法国那样的圆形标记，但前面颜色的排列与法军相反，即中心为红色，里圈为白色，外圈为蓝色，并于1914年11月最后确定下来。

沃森·瓦特，英国物理学家和雷达技术专家

后来世界各国军队都制定了自己的一套识别标志，通常都由象征图案、数字和专门符号组成。早期的敌我识别方法通常为视觉识别，即用肉眼或利用光学仪器根据目标国籍的识别标志或特征进行识别。1936年6月英国人罗伯特·瓦

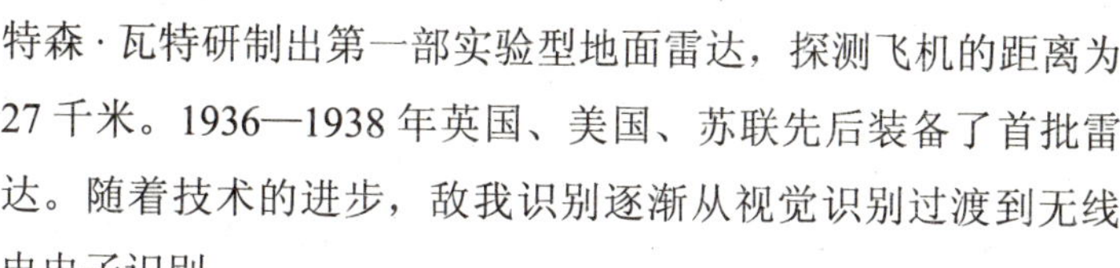

特森·瓦特研制出第一部实验型地面雷达，探测飞机的距离为27千米。1936—1938年英国、美国、苏联先后装备了首批雷达。随着技术的进步，敌我识别逐渐从视觉识别过渡到无线电电子识别。

空军战略2

第二次世界大战时期，空军大规模发展和参战，并在战争中发挥了重要作用，使空军战略的内容大大丰富。“二战”后，科学技术迅猛发展，科技成果广泛应用于军事，航空技术装备和武器有了很大发展，特别是随着核武器的出现，一些主要掌握核技术的国家大力发展携带核武器的战略轰炸航空兵。

第二次世界大战中的空中作战

第二次世界大战（World War Ⅱ，简称“二战”）。1939年9月1日—1945年9月2日

大获全胜的6:0空战

“八一四”空战是抗日战争初期中国空军首战告捷，以6:0获胜而闻名中外的一次空战。

1937年8月13日，日本帝国主义在上海虹口发起进攻，揭开了淞沪战役的序幕。14日拂晓，中国空军第五大队和第二大队奉命出击，轰炸了日海军陆战队司令部和在黄浦江中的日军第三海军舰队，敌“出云”号旗舰被我击伤。8月14日上午，日军大本营急令海军派遣大批的“三菱G3M”96式远程轰炸机，于14日下午侵犯杭州、南昌、南京等地，轰炸中国空军机场，以示报复。“三菱G3M”96式飞机在当时是一种很先进的轰炸机，它有2台大功率活塞式发动机，翼展25米，机长16.45米，航程约为4000千米，机上可携带800千克炸弹，并有1门机炮和4挺机枪，能进行自卫，机上乘员7人。当日飞临杭州笕桥机场上空的是日军11架飞机组成的一个编队。恰在此时，中国空军第四大队奉命从河南周口转场移防，先敌赶到笕桥机场上空。第

日军“三菱G3M”96式轰炸机

四大队装备的全部是美制“柯蒂斯·霍克3”型飞机。这种飞机只有1台发动机，时速227千米，机上装有机枪4挺，机身下可载225千克的炸弹一枚，翼下可挂8千克重的炸弹8枚。该机原设计是一种俯冲轰炸的强击机，而不是作为空战用的歼击机。在敌机来袭前的几分钟，部分中国空军的飞机正在陆续着陆、加油，突然响起了空袭警报。大队长高志航当即命令，未着陆的飞机留在空中截击敌机，已着陆的飞机不要熄火，一半起飞警戒，一半加油待机起飞。简明扼要的指挥为作战赢得了宝贵的时间。中国空军的飞行员各自驾驶着自己的飞机钻入蒙蒙细雨中的天空。“咚！咚！咚！”随着天空中的炮声震荡，大队长高志航击中一架敌轰炸机，首开中国空军战史上击落敌机的纪录，成为第一位击落敌机的中国飞行员。中队长李桂丹率部升空后，巧妙地利用云层隐蔽，在战友的配合下突然从云缝中冲出，把仇恨的枪弹射向敌机。在空中巡逻待战的其他飞机也各有建树。这次空战历时30分钟，以日机被击落6架，我机无一伤亡而告终。处于劣势的中国空军主动出击，首战告捷，戳穿了日本空军不可战胜的神话，也沉重地打击了日本帝国主义的嚣张气焰。

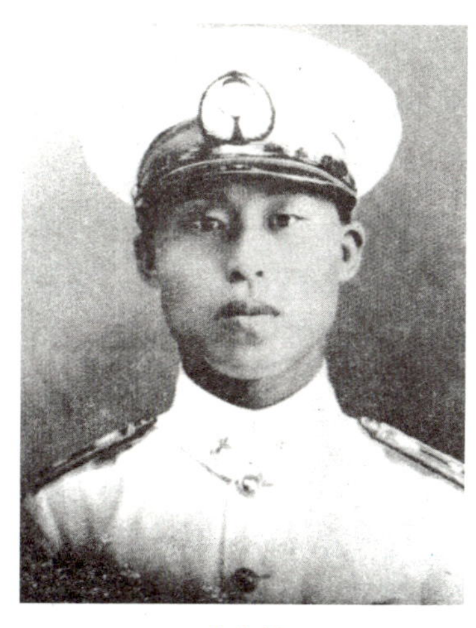

高志航

中国空军 P–40 战斗机

中国抗日战场上的苏联战鹰

苏联志愿援华航空队是战斗在中国抗日战场上的英雄。为支援中国的抗日斗争，苏联政府于1937年11月派出了第一批援华军事顾问和志愿援华航空队直接参加抗日战争。从这时起直到1941年年初，在中国参加抗日战争的有8个航空兵群，其中有5个歼击机群，3个轰炸机群，先后有2000余名空地勤人员在中国轮战。他们在中国一方面训练中国的空地勤人员，使之熟练掌握苏联援华飞机的性能，一方面协助中国空军部队消灭来犯的日军飞机，保卫重要城市目标，袭击敌占区机场、车站、码头、舰船和敌军阵地等。他们中的一些人在与中国人民一起浴血奋战的抗日战场上，奉献出了自己的鲜血与生命。

抗日战争初期，中国空军总共只有作战飞机305架，经过与日军的抗衡，很快就消耗殆尽了。为了援助中国的抗日战争，苏联政府根据1937年8月21日签订的《中苏互不侵犯条约》，决定向中国提供经济贷款和军事援助，并派遣军事专家和志愿飞行员参加中国的抗日战争。在此期间，苏联政府向中国空军提供了苏联生产的当时最好的歼击机777架、轰炸机328架、远程轰炸机30架、教练机100架，共计1235架飞机，同时还向中国空军提供了大量的机场设备、加油车、电台、汽油、飞机零备件和发动机等作战物资。援华的轰炸机由苏联空勤组驾驶，从阿拉木图起飞经新疆的迪化（今乌鲁木齐）至兰州。在兰州加油和做好战斗准备后再转往其他基地。歼

空军战略3

现代空军具备远距离作战、高速机动和猛烈突击的能力，不但能协同陆军、海军作战，还能独立执行战略性作战任务，进行空中斗争。空军战略从属于国家战略。不同国家在不同历史时期，奉行不同的空军战略。根据国家外交、国防政策、军事战略、国际斗争形势和可能的作战对象、空中斗争环境以及国家的经济实力和科学技术水平等条件确定。

击机则是分解开，由苏联汽车队用卡车源源不断地运到新疆，然后装配起来，由中苏飞行员驾驶飞往前线基地。

苏联空军志愿援华航空队从1937年11月起积极地与中国飞行员共同参加了对日寇的作战，有效地保卫了中国的成都、重庆等重要城市，而且还多次袭击了被日寇占领的南京、武汉、广州、南宁、岳阳、运城和台湾等地的机场、舰船和集结的军队，沉重地打击了敌人的空军、海军及地面部队。苏联飞机和飞行员的参战，打破了日本空军独占制空权的局面。

在保卫中国领空的战斗中，苏联空军志愿援华飞行员中有14人因作战英勇而荣获了“苏联英雄”的称号，有400多人荣获了苏联各种勋章和奖章。飞行员古边科因在1938年5月31日的武汉空战中用空中撞击的方法击落日军飞机一架，自己驾驶飞机安全着陆而获得了金质勋章。以库里申科等人为代表的200多名苏联志愿援华飞行员则为中国人民抗日战争的正义事业献出了自己宝贵的生命。由于希特勒发动了第二次世界大战，战火直接危及苏联的安全，苏联政府遂于1942年年初把志愿援华航空队全部调回本国，抗击德国的入侵。

苏联的援华，增强了中国军队的作战能力，特别是壮大了中国空军，打击和削弱了日本侵略军的嚣张气焰，增进并巩固了中苏两国人民的友谊。从另一个角度看，中国的抗日

抗日战争苏联志愿航空队飞行员

战争吸引和钳制了日本大部分兵力，使之打消了霸占苏联远东地区的狂妄野心，减轻了苏联东部地区所受的军事压力和威胁，同时中国的抗日战场也是苏联研究日军的战役战术、检验与改进自己的战役战术理论和军事技术装备，以及锻炼部队的最好战场。尽管如此，中国人民会永远铭记那些为中国抗战而血洒疆场的苏军飞行员们。

长天烽火——抗日战争中的武汉大空战

今日的武汉，秀美壮丽，数桥飞架南北，将汉口、汉阳、武昌精心连接成万里长江江畔的璀璨明珠。可是在60多年前，这里曾是中苏飞行员与日本空中强盗浴血搏斗的竞技场。长天烽火笼罩着古老的江汉三镇，最使人难忘的就是那血洒云天的武汉大空战。

1937年11月，南京失陷，国民党政府西迁重庆，但武汉三镇地处要冲，是当时国民党的政治、军事指挥中心和抗战物资的集结地，战略地位极其重要，因此，日军不断地加紧对武汉实施狂轰滥炸，为大举进攻做准备。自1937年11月起，中国空军陆续换装了苏联援助的新型歼击机和轻型轰炸机共计390架，在武汉地区驻防的有第3、第4和第5大队以及苏联志愿援华航空队的近百架各型飞机。当优势的日军飞机进犯武汉时，中苏飞行员配合作战，在武汉上空与日军发生过多次激烈的战斗，其中规模最大的是“2.18”、“4.29”、“5.13”三次大空战。

1938年2月18日12时许，由12架重型轰炸机和26架歼击机组成的日军突击机群向武汉进袭。1时左右接近武汉空防警戒区，中国空军驻汉口、孝感的第4大队29架歼击机由大队长李桂丹率领紧急起飞迎敌。在武汉市上空拦截敌机，空战进行了12分钟，敌人损失了10架歼击机和2架重型轰炸机，残余之敌仓皇逃遁。中国空军在空战中损失飞机5架，大队长李桂丹等五名飞行员牺牲。2月21日，中共中央和第18集团军代表周恩来、董必武、叶剑英等领导人向在武汉上空与日机英勇作战壮烈献身的中国空军人员送了挽联一副文曰："为五千年祖国英勇牺牲，功名不朽；有四万万同胞艰辛奋斗，胜利可期"，表达了中国人民对烈士们的敬仰和悼念。

1938年4月29日是日本的"天长节"，即天皇的生日。日军想以空中大捷为天皇祝寿。经过两周苦心策划，日机50余架大举进袭武汉。下午2时30分，中苏空军飞行员驾驶着67架飞机起飞迎敌，经过了30分钟的空中格斗之后，共击落日机21架，我方也损失飞机12架，伤亡飞行员5名，此役迫使日军在近一个月内未敢出动。在这次作战中，飞行员陈天民在击落一架日机后，单机陷入5架日机的重围之中，仍与敌展开生死搏斗，但终因寡不敌众，飞机和人员均负重伤，但他视死如归，以身作弹，用座机猛撞敌机，最后与敌机同归于尽。事后，爱国将领冯玉祥将军赋诗缅怀英烈："……舍身成仁同归尽，壮烈牺牲神鬼泣……气概壮山河，百战皆胜利。"年仅22岁的陈天民撞击敌机牺牲后，他的妹妹陈天乐发表文章谴责日本军国主义，这时被陈天民撞落坠机阵亡的日军飞行员高桥宪一的妻子美惠子，也发表文章悼念其夫。香港《读者文摘》将她们的文章同时刊载，并帮助她们建立通信联系。这件事曾轰动了世界，形成了强大的反法西斯侵略的舆论。

李桂丹身为中国空军军人，抗战期间英勇杀敌。与高志航、刘粹刚、乐以琴一并被誉为中国空军的"四大金刚"。

5月31日，日军再次大规模空袭武汉，共出动了飞机54架，由于事先截获日军行动情报，因此中苏空军48架飞机及时起飞设伏在1500米和2500米高度严阵以待，并从四周向敌机压迫，12时许，双方百余架飞机在空中展开了激战，轰鸣的飞机马达声撕开了蓝天和白云，震撼着长江和武汉三镇，叮叮咚咚的机炮声，伴随着画着太阳旗的一架架敌机空中爆炸和拖曳着滚滚浓烟翻滚坠落，好像一幅长天烽火图画，悬挂在龟蛇两峰的天空。日军在空战中乱了方寸，被击落数架，残余日机且战且退，仍不时有敌机被击落，余机见势危急，仓皇逃跑，鼠窜过程中又遇拦截，七零八落地被击中坠毁。这次空战持续了30分钟，共击落敌机14架，我方仅损失2架。

陈纳德和他的“飞虎队”

在中国人民抗日队伍中，有一支由美国航空志愿队人员组成的飞行队，人们都习惯地称他为“飞虎队”。在残酷的长天风火中，“飞虎队”在中国西南空中战场上给日本空中强盗以沉重的打击，为中国人民的抗日战争和世界反法西斯斗争作出了非凡的贡献。“飞虎队”的辉煌战绩也使它的组织指挥官陈纳德成为传奇式的新闻人物。那么，你知道陈纳德和他的“飞虎队”吗？

陈纳德，1890年9月6日出生于美国德克萨斯州康麦斯。他在该州师范学院毕业后在一所小学任校长。1917年应征入伍，任通信兵，后提升为军官晋升为中尉。可是当时的陈纳

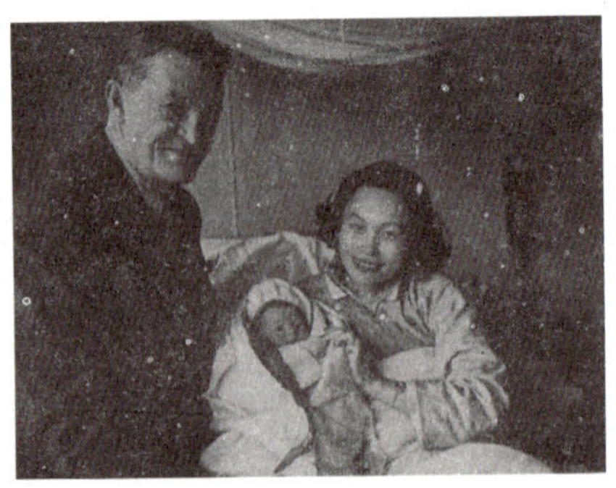

陈纳德和他的家人

飞虎队

德矢志不渝地酷爱着飞行，决心投身于航空事业，他利用与一些飞行教官熟识的条件，偷偷地学习飞行技术，就这样摸爬滚打，自学成才，非科班出身的陈纳德终于成为一名技术精湛的飞行员。1921 年 8 月他被正式调入美国陆军第 46 战斗机中队任飞行员，开始了他真正梦寐以求的蓝天白云间的飞行生涯。

由于他刻苦钻研空战战术，且飞行技艺超群，1923 年被任命为驻夏威夷第 19 驱逐机中队的指挥官，在此期间，陈纳德一直潜心研究一些新的空战理论和飞行动作，为了强调编队和体现飞行员熟练的技艺，他曾经用 70 米长的绳索将三架飞机连在一起，飞机与飞机间隔不足 10 米，三架飞机在空中飞行时就像一个人操纵一样，飞机着陆后，绳索仍然保持原样。他深信，这些技术迟早会在编队空战中发挥作用。1937 年 4 月，47 岁的陈纳德中校从陆军航空队退役。同年 6 月，陈纳德应聘到中国担任空军顾问，授上校军衔，其主要任务是帮助中国建设一支有战斗力的空军。

抗日战争爆发后，为谋求从美国购买新式飞机来对付穷凶极恶的日本空中强盗，陈纳德于1940年11月到美国各地、各阶层中不断游说，向美国各界人士介绍中国抗日战争的艰巨性和重要性。在多方努力及各种政治、军事、经济因素的制约下，陈纳德关于要求美国支持中国抗战的建议终于得到美政府主要部门的支持与同情，并说服美国总统罗斯福于1941年3月11日签署了“租借法案”，按照这项法案，美国的战斗机等武器装备可以作为租借物资出租给中国和其他国家，同年4月15日，罗斯福又签署了一项密令，允许美国退役军人参加美国志愿队去中国服务，美政府向中国提供了100架P-40驱逐机。

空军战役

空军战役是随着空战在战争中广泛运用而逐步形成和发展起来的。通常是指较大规模的空军作战，即作战双方为达成战争的全局或局部目的，在一定时间和空间内单独或在其他军兵种协同下进行的一系列作战行动。它是空军作战的一种主要形式，在现代战争中占有重要地位。

空军战役的类型主要有空中进攻战役、防空战役、空中封锁战役及空降战役等类型。

随后，陈纳德用当时国民党政府提供的经费在美国各地招募空军的空地勤人员，其条件是：每人每月工资，飞行员600美元，队长750美元，机械人员350～400美元，每年30天带薪金休假，外加每月30美元生活费。后来又规定，每击落一架日本飞机奖励500美元。志愿人员都必须签约作为中国空军志愿人员，为中国抗战服务。1941年8月初，由110名飞行员、150名机务人员和后勤人员组成的第一批志愿队正式成立，由陈纳德任队长，下辖三个战斗机中队，共装备P-40型战斗机124架，美国志愿队接受了中国人民的建议，用带翅膀的剑齿虎作为该队的标志。空军地勤人员在自己心爱的飞机上幽默且精心地绘制喷涂了一双凶恶的眼睛和一排雪白的大牙齿，把突出的机头罩变成虎鲨的头部，用带翼的小老虎作为飞行队的队徽，因而人称“飞虎队”。

飞虎队正式成立后，于1941年8月开始了紧张而短促的战前飞行训练，由于招募来的飞行员大多是运输机和轰炸机驾驶员，因此对他们先进行战斗机飞行训练并逐步掌握空中作战技能就显得尤其重要。1941年12月初，飞虎队结束了4个月的战前训练开始投入战斗。他们的主要战斗任务是：担负昆明地区的基地防空，前线重要地区的野战防空，打击侵入滇缅公路附近空域的日军飞机，保护这一交通命脉的畅通。12月20日上午，日军10架轰炸机空袭昆明，由于以往从未遭到拦截，机群没有歼击机护航。飞虎队起飞14架P-40飞机，从上方冲向日本机群，激战20分钟，首战告捷，击落日机6架，重伤4架，这是日军两年多来在中国空中战场首次遭到的沉重打击。胜利的消息很快传遍了全国。

1941年12月25日，80架日军轰炸机在20架歼击机掩护下空袭仰光，飞虎队起飞迎战，共击落敌机29架，自己损失2架。1942年1月，飞虎队采取小编队出击战术，数次空袭了日军设在泰国境内的机场，击毁飞机40余架。此后，飞虎队不断对日军进行空袭和空战，在西南空中战场上沉重地打击了日本空军的嚣张气焰。随着战局的变化和时间的推移，1942年2月，盟军在中印缅战区组建了第10航空队，飞虎队被编为第23歼击机大队，由陈纳德指挥对日作战。1942年7月4日，飞虎队编入第10航空队中国战区空军特遣队，早期的飞虎队飞行员只剩下5人。

P-40型战斗机

自1941年12月至1942年7月，飞虎队在人员和装备上一直得不到及时的补充，始终以寡敌众，以较差的装备抗击优势之敌，共参战百余次，已确认击毁日机 286 架，自己损失 50 架。在太平洋战争初期盟军处于全面败退的情况下，飞虎队以自己的艰苦奋战和牺牲粉碎了日本空军不可战胜的神话，为世界反法西斯战争作出了贡献。陈纳德曾经说:“领导飞虎队是我一生中最有意义的经历。”是的，在中国这块土地上，陈纳德也寻觅到他的终身伴侣，女中豪杰陈香梅女士。但是战后，这些为中国抗战作出过贡献的美国飞虎队队员们曾长期为自己的名誉和待遇问题而困扰。因其组建时日美未宣战，飞虎队是由非官方机构出面组建，队员们秘密抵达中国，以中国雇佣的志愿人员名义参战，因而不能享受美国退伍军人的待遇。几代飞虎队人经过长达 40 多年的抗争终于讨回公道。1991 年 7 月美国裁定：飞虎队是执行对日作战任务的美国武装部队，所有队员应被视为美国军人，虽然此时只有 26 名飞虎队队员健在，但这桩未了积案终于有了一个公正的结论。

飞越“驼峰”天险

抗日战争开始时，中国对外联系的陆地和海上渠道基本畅通，但随着战争形势的变化，这些渠道逐渐被日军封锁。1942 年 3 月日军攻占缅甸后，海上通道全被封锁，形势十分严峻。不仅对中国的抗日战争及美军在太平洋战争影响极大，而且对世界反法西斯统一战线和美国的利益也产生了重要的影响，开辟新的通道刻不容缓。当时的美国陆军航空队司令阿诺德向罗斯福总统建议开辟中印空中运输航线。这就是著名的“驼峰”航线。从印度到中国云南或四川都要经过喜马拉雅山脉，这些山峰形似骆驼的肉峰。当时的新闻界把这些山脉称为“驼峰”，于是在这条航线上的空运也就称为“驼峰空运”。

驼峰航线在印度一端的是阿萨姆邦的丁江、杜姆杜马、加尔各答等地，在中国一端的是昆明、宜宾、泸州、重庆、成都。驼峰航线有若干条，主要是：由丁江至昆明分为南、北两条航线，南线全长802千米，北线全长885千米。由丁江至宜宾航线全长970千米；丁江至泸州航线全长为1200千米。参加驼峰空运的主要是美国陆军航空兵，1942年5月至11月为第10航空队的空运部队，1942年12月成立美国空运总部印中联队，直至战争结束均由该部队负责驼峰空运。国民党政府的“中航公司”也参加了驼峰空运。在航线上飞行的飞机主要是载重3吨的C-53，C-47和载重7吨的C-46运输机，后期还使用了载重17吨的C-54运输机。驼峰航线于1941年12月试飞，1942年正式开通，空运飞行始终充满了艰险。首先是当时飞机的飞行高度受到限制，飞机没有密封座舱，飞行员只能用氧气面罩，体力消耗很大。第二是航线气象条件恶劣，每年雨季长达5个月，能见度极差，飞行员

C-54运输机
机长：28.63米
翼展：35.81米
机高：8.39米
空重：17327千克
最大起飞重量：33112千克
最大飞行速度：441千米/时
最大测量航程：6276千米
动力装置：两台普惠R-2000-7“双黄蜂”发动机

C-47运输机
机长：19.63米
翼展：28.96米
机高：5.20米
空重：7698千克
最大载重量：2718千克
最大飞行速度：368千米/时
最大测量航程：2650千米
动力装置：两台R-1830-90C活塞发动机

C-46 运输机
机长：23.3 米
翼展：32.9 米
机高：6.6 米
空重：13290 千克
最大载重量：2892 千克
最大飞行速度：435 千米 / 时
最大测量航程：2895 千米
动力装置：两台 R-2800 活塞发动机

被迫作全程仪表飞行，稍有不慎就可能撞山；在旱季则气流不稳定，有雷雨和强烈的升降气流，飞机有时会在每分钟内下降 600 ～ 700 米，很容易失去控制。高空则有剧烈的西风，时速有时超过 250 千米，使飞机剧烈偏航，调整飞行状态的修正角度有时大于 25°，飞机很容易失速。美军认为这是他们在第二次世界大战中遇到的气象条件最恶劣的飞行空域。第三是地形复杂，所经地区全是崇山峻岭，急流峡谷，一旦飞机故障要想迫降几乎是不可能的，跳伞后因人烟稀少，生还的可能性极小。第四是有敌人飞机拦截，毫无自卫能力的运输机在航线上常常遭日军飞机截击，损失很大。在两年零五个月的驼峰空运中，中美空运部队共损失飞机 504 架，占其飞机总数的 50% 以上，中美双方共牺牲飞行员 1500 人。通过驼峰空运的物资近 73 万吨，人员 3 万余，驼峰飞行总时间达 150 万小时。这是第二次世界大战中规模最大、持续时间最长的战略空运，在战争史上留下辉煌的一页。

试剑波兰——“白色方案”

德军侵略波兰的战争计划代号为“白色方案”。1939 年 9 月 1 日，法西斯德国运用“闪击战”的作战样式，对波兰发动了突然袭击，仅十余天的时间，波军就全线溃败，27 天后首都华沙陷落，这是希特勒“闪击战”理论在战争史中的第一次运用并且获得了首次成功。

波兰地处欧洲中部，西邻德国，东接苏联，占领波兰实际上就是抢占了侵略苏联的前进跳板。波兰战前有100多万人的军队，各型飞机745架，其中作战飞机407架，火炮4300门，坦克870辆，其军事力量和实力在欧洲也跻身于军事强国之列。为了打赢这场战争，德军秘密地集结了62个师，2800辆坦克，6000门火炮，2000余架作战飞机，共计兵力160万人，由于德军成功地使用了空军，特别是运用了突然袭击的战法，致使波兰很快沦陷。

由此役开始，第二次世界大战拉开了全面爆发的帷幕。1939年8月31日晚，一批身穿波兰军服的德国党卫队队员，“袭击”并“占领”了紧靠波兰边境的一个德国城市——格利维策，炸毁了一座桥梁，在该城的电台，用波兰语辱骂德国，并丢下了几具身穿波兰军服的德国囚犯的尸体。当晚，德国所有电台都广播了所谓德国遭到了波兰的突然袭击的消息，在国际上制造了发动侵波战争的借口。

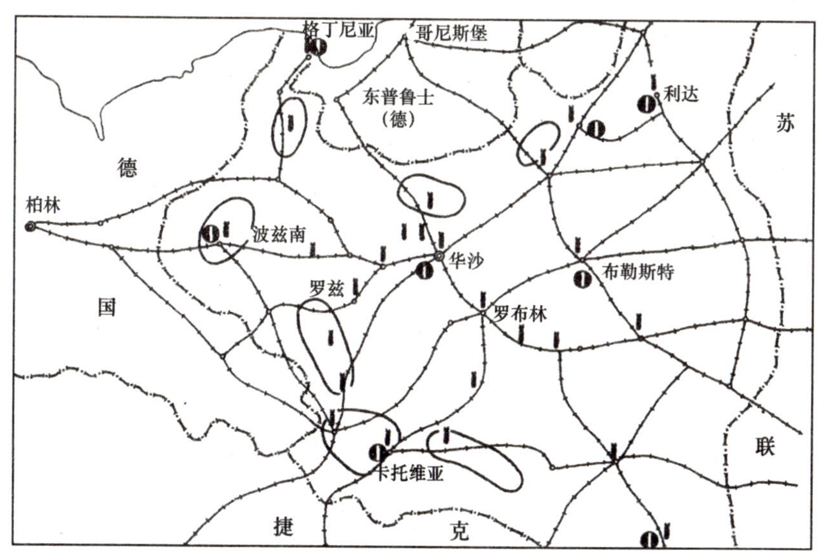

德国空袭波兰示意图

1939年9月1日凌晨，德军分三路向波兰发动了大举进攻，战争第一天德军的2000余架飞机就袭击了波兰的21个机场，一周内波兰境内所有的50多个机场、飞行训练航校、培训中心等都遭到空中强盗的猛烈轰炸，波军飞机大部分被摧毁和击落，约有400余架飞机被击毁于地面。德军顺利地夺取了制空权。在突击波兰航空兵的同时，德国空军还大规模地空袭了波兰的政治、经济、战略中心以及重要的铁路、公路交通枢纽和军事指挥机构，致使波兰30多个城市发生大火。德军装甲坦克部队在空军的掩护下迅速突破了波军防线。停泊于波军港口正进行“友好访问”的德国军舰，突然向波军基地开炮。潜伏在波兰境内的大批德国特务，有的冒充波军混入边境夺取军事要地，有的散布谣言蛊惑人心，有的进行破坏和恐怖活动。波兰方面对德国发动侵略战争几乎毫无准备，对德军大量使用坦克和航空兵的闪击战术茫然无知，一下子就陷入了被动，波军竟以骑兵去对付德军的坦克。德军装甲坦克部队在空军的掩护下迅速突破波军防线分割围歼溃不成军的波军部队，攻占军事要塞直插波兰纵深达220千米。9月16—17日德空军的作战达到高峰，从早到晚有数百架飞机投入支援地面军队的作战，在德军的猛烈打击下，波军完全丧失了抵抗能力，17万官兵被迫放下武器投降。9月25日，由于首都华沙军民拒绝投降，德军集中了400余架飞机，一天内对华沙进行3～4次轰炸，共出动飞机1176架次，投弹632吨，其中有大量的燃烧弹，华沙城内一片火海，烟柱高达3500米。华沙军民死伤逾千。9月27日华沙守军宣布投降，至9月底，所有被围波军陆续被歼，波兰灭亡。

独立打仗的方法——空军兵种战术

空军单一兵种进行战斗的方法。空军是由多兵种组成的。每一个兵种都有自己的作战方法。我空军有歼击航空兵、轰炸航空兵、强击航空兵、侦察航空兵、运输航空兵以及地空导弹兵、高射炮兵、空降兵、电子对抗兵、雷达兵、通信兵等十多个兵种。

德军将领古德里安曾提到，波军的骑兵因不懂得战车的性能，居然用他们的长矛和刀剑向战车冲锋，结果遭到了极大的损失，英国的军事评论家利德尔·哈特战后评说：在这一点上，可以毫不夸张地说，波兰的军事思想落后了80年。

德国空军在对波兰的作战中自始至终都发挥了重要作用，尽管这次战争只有28天，但空中力量的三大任务，即夺取制空权、支援地面军队作战和战略轰炸都在这次战争中不同程度地展示了威力，对加快战争的进程和夺取最后胜利起了巨大的作用。

北侵丹、挪——“威塞尔演习”

德国入侵丹麦和挪威的作战计划，代号是“威塞尔演习”。

法西斯德国灭亡了波兰之后，为了保障北翼安全，决定入侵丹麦和挪威。丹麦位于波罗的海和北海之间，扼海上交通要冲。挪威地处斯堪的纳维亚半岛的西北部北临巴伦支海，西滨大西洋，南濒北海，战略地位很重要。占领这两个国家就可以限制英国舰队的行动，保障德海上运输线的安全。丹麦和挪威都是只有几百万人口的小国，军事力量薄弱，所以德军仅调集了14万部队，1300多架飞机和234艘舰船，来实施这次战役。

1940年4月9日凌晨，德国以防止英法入侵，保卫丹麦挪威的中立为名，发动了侵略战争。德军的装甲兵越过了丹麦和日德兰半岛的防线，在丹麦首都哥本哈根和各战略要地投下了伞兵，登陆兵也在各主要港口登陆。同时向丹麦发出了最后通牒。70岁的丹麦国王克利西尔，急忙召开内阁会议宣布接受德国的最后通牒，并命令只打了几枪的卫队放下武器。到上午8时，刚刚从睡梦中醒来的丹麦人从无线电广播中听到“丹麦已接受德国保护”的惊人消息时，都感到莫名其妙。就这样，德军花了不到一天时间便占领了丹麦全境。在进攻丹麦的同时，德军登陆兵和空降兵在挪威沿岸的奥斯陆等重要城市突击登陆或伞降着陆。空投在挪威境内的德国兵每人装备一辆折叠式自行车，着陆后就骑上它迅速集结向预定目标发动猛攻。当时挪威的国防部长吉斯林，是一个亲法西斯的反动分子，他秘密地组织了反对挪威、策应德军的“第五纵队”，配合德军的入侵，进行了各种破坏活动，他们占领电台，颁发假命令，指令各要塞和舰艇投降，破坏通信联络和铁路公路交通枢纽，在人民中间制造了极大的混乱，动摇了挪威抵抗的决心，为德军的入侵和迅速取胜提供了有利条件。德军于6月10日占领了挪威全境。在德军刺刀的保护下吉斯林组成了卖国政府。在欧洲，吉斯林的名字成了内奸卖国贼的同义词。反法西斯战争胜利之后，愤怒的挪威人亲手绞死了这个给国家和人民带来深重灾难、丧权辱国的民族败类，吉斯林终于受到了历史的惩罚。

吉斯林

挪威战役，是德军陆、海、空三军进行的第一次协同作战，虽然投入的兵力不多，对方抵抗亦并非激烈，但战役本身表明，登陆战役已经发生了重大的变化：过去是登陆兵在舰炮的支援下作战，而现在这一任务则由登陆兵和空降兵在航空兵和舰炮的支援下共同完成。过去战斗只发生在沿海地区，而现在则在沿海地区和纵深内陆一齐展开。过去仅在海上和陆上进行，而现在空军也参加了作战，战争已具有明显的立体性质。

横扫西欧——“黄色方案”

“黄色方案”是德军闪击西欧四国，即荷兰、比利时、卢森堡、法国的战争计划代号。其时，法西斯德国刚刚向东灭亡了波兰，向北灭亡了丹麦、挪威之后，气焰嚣张至极，按照预定的计划准备突然调头向西，对西欧四个国家发动突然袭击。为了遂行这次作战，德军已在四国边境附近集结了136个师，3000余辆坦克，4500余架飞机，共约300余万人，虎视眈眈，随时准备出击；英法盟军方面共有135个师，作战飞机约2500余架。并筑有号称“固若金汤”的马其诺防线。但是德军出其不意的“闪击战”使盟军完全丧失了这场战争的主动权。

1940年5月10日凌晨，德国空军出动4500架飞机猛烈空袭了荷兰、比利时、卢森堡和法国四个国家防御线内的72个机场，取得了巨大的成功，夺取了战场上的制空权。同时，以空降兵控制了四国纵深内的机场、桥梁和战略要地。地面的装甲坦克部队则从荷兰海岸至马其诺防线的广大正面上展开了全面的进攻。德军避开坚固的马其诺防线正面，从法国

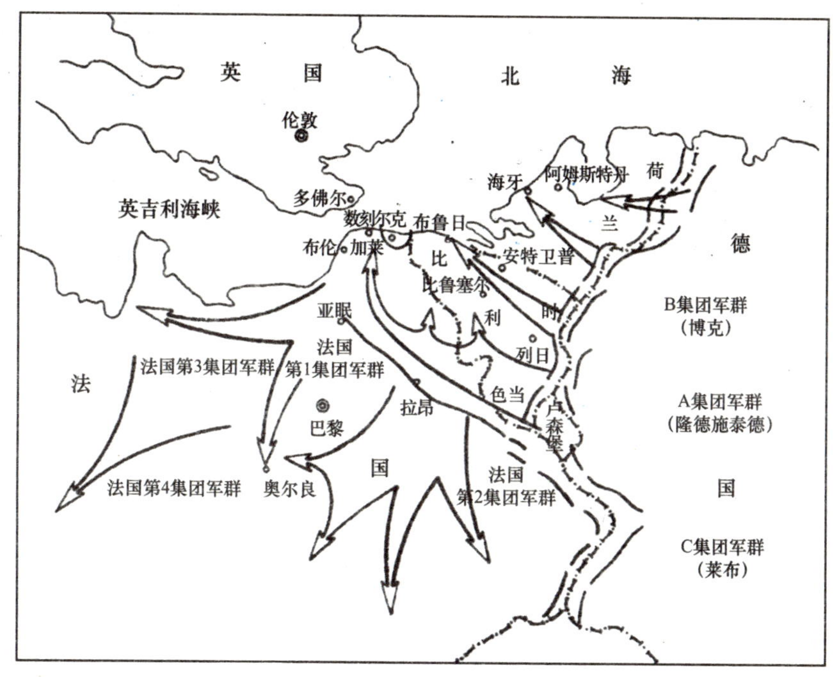

德国闪击西欧示意图

与卢森堡交界的阿登山间崎岖的道路突然袭击，像一把尖刀一样直插英吉利海峡，11 天内打到海峡沿岸，分割了盟军，使英法联军的 40 个师，33 万人被围困在敦克尔刻狭长的海滩上。在北部战区，德国空军的狂轰滥炸已使荷兰、比利时溃不成军，而伴随着空中与地面装甲坦克的立体攻击，德军又在盟军的后方伞降与机降了大量的空降兵，夺取了坚固的防御要塞，前后夹击，围歼了盟军的主力部队。卢森堡、荷兰、比利时在战争爆发不到 20 天的时间内先后宣布投降。

在解决了西欧北部与敦克尔刻的战事之后，德军于 6 月 5 日调头向南直扑法国本土纵深，德军首先使用大量的航空兵袭击了法国各机场和重要目标，摧毁法军飞机达 1000 余架，夺取了制空权，并不断地对地面军队进行航空火力支援，在

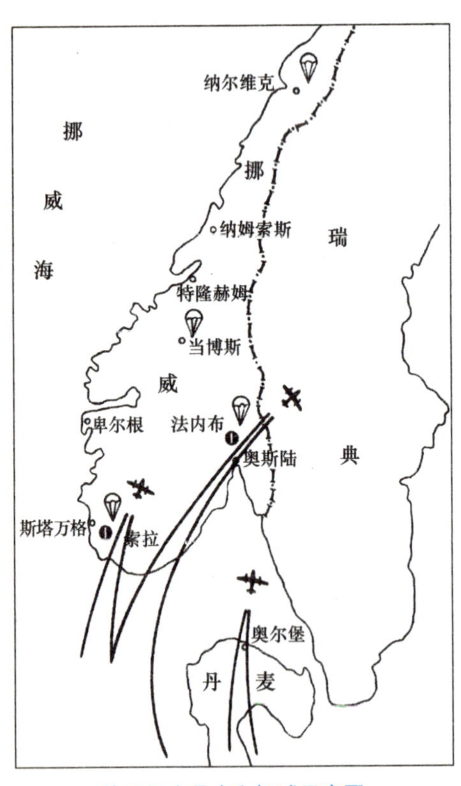

德军闪击丹麦和挪威示意图

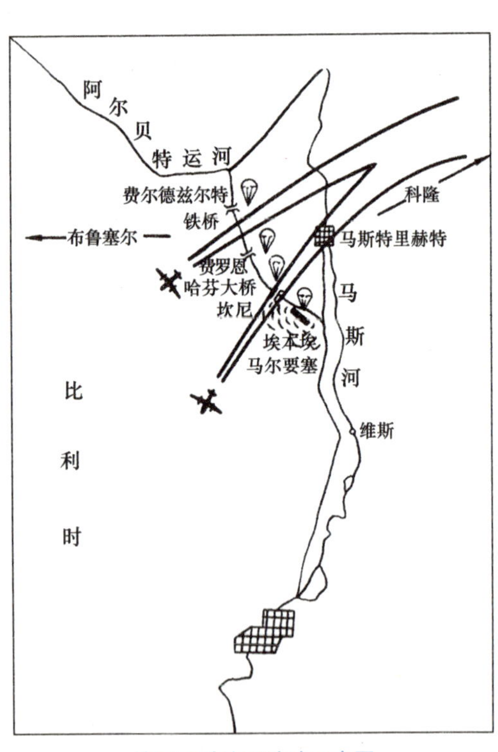

德军突破比军阵地示意图

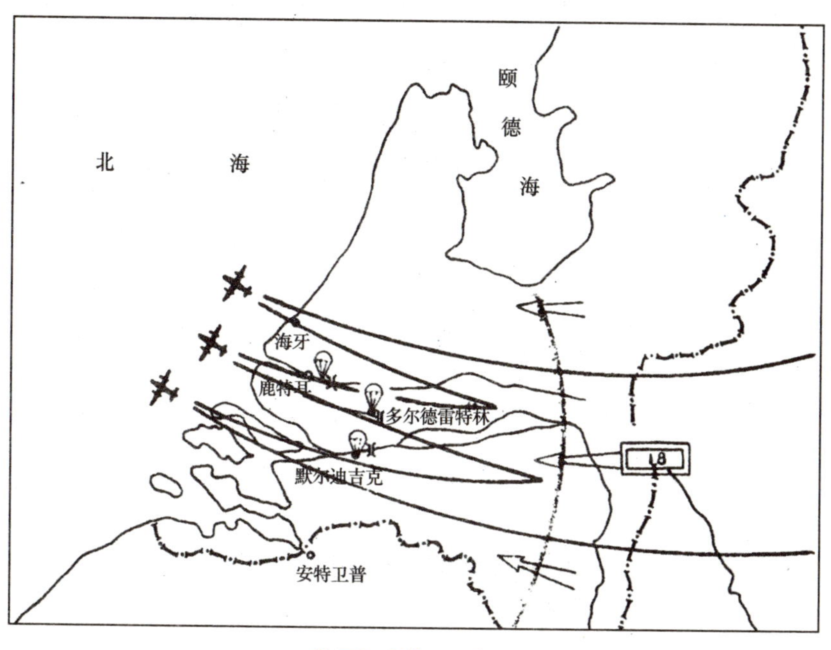

德军闪击荷兰示意图

这种立体的进攻态势下，法军的抵抗显得极其软弱无力。

法国政府见大势已去，于6月22日宣布停火。马其诺防线内的50万精锐守军几乎未曾战斗就跟着投降了。德军闪击西欧的作战持续了42天，法国本土的战斗只坚持了17天，法军亡6万余人，伤30余万人，被俘150万～200万人。

西欧四国，特别是法国的惨败有其深刻的历史教训。最突出的一点是西欧四国的和平麻痹思想。战争已经迫在眉睫，一触即发，四国仍然视而不见，简直到了麻木不仁的地步。1940年1月9日，一德军少校乘机飞越比利时边境时被迫着陆，他随身携带的德军进攻荷、比、卢、法的作战计划被法军截获。对此法国的军政要人竟认为“这不过是一种恫吓”而不屑一顾。法军的武器装备十分落后，坦克还是第一次世界大战时期的老装备，新式飞机就更少，甚至军官们的手枪也很缺乏。直到战争已爆发一个月之后，法国才到意大利去订购手枪！军队严重缺额，前线的60多个步兵师中只有31个师满员，且部队缺乏训练，作风松弛。德国大军已经陈兵边界，法军军官考虑的却是“如何公平合理地安排休假”，频频地组织文艺演出，组织音乐会、舞会和各种球类比赛！这样的国家、这样的军队，岂有不败之理。西欧的战败，把残余英法联军推向了死亡之角——敦刻尔克。

绝处逢生——“发电机计划”

英法联军残部在比利时西临海峡的敦刻尔克地域进行了第二次世界大战史中最著名的大撤退。英国人实施该项军事行动的代号是:“发电机计划”。

1940年5月10日爆发的德军闪击西欧四国的作战，使当时部署在西欧的英国远征军及法、比、荷联军陷入极度被动局面，在德军疯狂的立体进攻面前，联军的抵抗显得软弱无力，几百万军队丢盔弃甲，一路溃败。当德军的坦克集团军像一把锋利的魔剑直插到英吉利海峡时，不过用了短短的11天。5月21日德军快速部队，分割了英法联军的战略正面，并以已夺占的荷兰、比利时两国的空军、海军基地作为前进基地，封锁了英吉利海峡北部的加来海峡水域，阻止了英军的增援。英法比荷联军的约40个师在比、法边境的敦刻尔克地区，陷入重围，孤守无援，似乎已无力继续抵抗了。

> **独立打仗的方法——空军兵种战术**
>
> 每个兵种担负的任务不同，所装备的武器不同，作战中就必须符合自身行动的规律、原则和战斗方法。如歼击航空兵战术是指导歼击机进行战斗的方法。如怎样空战，怎样进行空中掩护等。轰炸航空兵战术是指导轰炸机进行战斗的方法。如怎样突破敌防御，怎样实施轰炸等。

敦刻尔克地区是濒临英吉利海峡的一块开阔的海滩，既无有利的地势可凭守，又不可能在海滩上修筑坚固工事。况且，联军一路败退，早已溃不成军，斗志消沉，根本组织不起像样的抵抗。敦刻尔克地区的面积充其量也就是百十平方千米，40个师的38多万人拥塞在内，一发炮弹或炸弹落下就会有一群人倒下。退守在敦刻尔克的联军，在东面、北面、南面都是德军装甲铁骑，西面是涛涛的大海，空中有德军的飞机，脚下是松软的海滩，没有弹药，没有给养补给，更不可能有增援的作战部队，真可谓是上天无路，入地无门，处境极为危险。如果说还有一线生机，那么就是由敦刻尔克，渡过英吉利海峡，从海上撤退到英国本土。

在英国首相丘吉尔的主持下，英军统帅部迅速拟定了“发电机计划”，积极进行各项准备，等待并努力创造实现这一计划的机遇。“置之死地而后生”的英法联军也似乎突然警醒了过来。就在德军只要再挺进 16 千米即可完成包围的紧急时刻，英军两个不满员的师和 65 辆坦克，突然向拥有 400 辆坦克的两个德军装甲师发起猛烈的反突击，并取得成功，重创敌军，俘敌约 500 人，使希特勒和德军的高级将领大为惊恐，担心装甲部队孤军深入会遭不测。

希特勒于 5 月 24 日下午突然下令坦克部队停止追击，希特勒为什么会失算呢？这一问题曾经使战史专家百思而不得其解。后来有人分析，这主要是因为希特勒想保存坦克部队的实力，以便迅速南下击败法国，进而迫使英国言和。德国空军头目戈林也向希特勒保证，他的空军完全能够消灭拥挤

丘吉尔

希特勒

在敦刻尔克滩头的联军。所以，希特勒就把消灭敦刻尔克联军的任务交给了德国空军。

希特勒这一停止进行坦克追击的命令，为联军提供了一个千载难逢的喘息机会。丘吉尔立即公开发表演讲，号召全体英国人民用自己的行动去营救反法西斯的战士和亲人。英国平民群情激愤，他们积极地行动起来了。5 月 26 日 18 时 57 分，英国海军开始执行“发电机计划”，海军抽调了 1000 余艘舰船冲过德国空军的封锁，分几路奔赴敦刻尔克地区。与此同时，还从英国本土各沿岸港口、码头驶出了近 8500 余艘各型各类的民间船只，有各种各样的渔船，有五颜六色的游艇，也有各种吨位的油轮、驳船，甚至连体育运动学校的舢板船也加入这浩浩荡荡的船队之列。

这些由社会各阶层人士组成的船队中有富人，有穷人，有老人，有妇女，也有未成年的孩子。他们从四面八方前赴后继地往来于英吉利海峡。英国空军和法国空军残部也参加空中掩护作战。自 5 月 26 日至 6 月 4 日，一共从敦刻尔克地域撤退了 34 万多人，其中英军 22 万人，法军 8 万多人，其余为少数比利时军队。联军撤退时武器装备丢弃殆尽，英军共损失 2400 门火炮、700 辆坦克，各型舰船 226 艘，各型飞机 302 架。醒悟过来的德军于 6 月 4 日占领敦刻尔克时，只截住了未能及时撤走的 4 万法军。“发电机计划”的胜利实施，为联军保存了大批的有生力量，其中绝大部分后来成了反法西斯战争的骨干。英国人民在这次军事行动中付出的巨大牺牲，以及全国上下同仇敌忾的民心士气，

联合打仗的方法——空军合同战术

空军合同战术是空军的各个兵种、部队进行合同战斗的方法。

所谓合同战斗，是指空军诸兵种部队在多项战斗任务中协同作战，如实施空袭作战中，空中有轰炸机、强击机、歼击机、侦察机等各航空兵种联合编队，地面有地空导弹兵、高射炮兵、雷达兵、通信兵共同行动，空军的多个兵种构成了整体作战系统，协调一致地完成空袭任务。

特别是民间船只的快速动员能力都给世界人民留下了深刻的印象。这就是被称作“战争史上的一大奇迹”的著名的敦刻尔克大撤退。

希特勒在敦刻尔克作战中吃了个哑巴亏，到嘴的肥肉丢了，煮熟的鸭子飞了。他恼羞成怒，发誓非要灭亡英国不可。英国又面临着血与火的考验。

“海狮计划”——火漫不列颠

法西斯德国将进攻英国的作战行动命名为“海狮计划”。1940年6月，德军占领了整个西欧大陆，至此，北起挪威，南到西班牙的全部西欧海岸已被德军控制。英伦三岛陷入困境，加之英军在敦克尔刻大撤退中损失了大量武器装备，空军也受到很大的削弱，仅有作战飞机1300架，英国海军也因遭德海军、空军打击而从以往的封锁者一变而成为被封锁者，形势岌岌可危。希特勒为了对付苏联和避免两线作战，需要拉拢英国，诱其妥协，当德国向英国提出“和平建议”一而再再而三地遭到英国的拒绝后，希特勒终于作出了对英国实施“海狮计划”的作战决定。原先企图以陆军在航空兵的支援下强渡英吉利海峡，后因船只准备、后勤供应和天气等方面存在着许多难以克服的困难，最后决定以空中进攻迫使英国投降。整个不列颠之战其实就是战争史中大规模的空袭与反空袭作战。希特勒扬言:“用空军这把钥匙就足以打开英国防御大门。”为了实施空中进攻作战，德军集中了3个空军集团军，作战飞机3000余架，而当时英国只有防空歼击机700架，轰炸机500架，高炮2000门，拦阻气球1500个，在兵力上处于劣势。1940年8月13日，不列颠之战就在波涛汹涌的英吉利海峡上空，在辽阔的英伦三岛古老的土地上拉开了战幕。

德国对英国进行的空中进攻大体可以分为两个阶段：第一阶段主要是集中力量消灭英国空军，时间为1940年8月13日—9月6日；在此阶段，德国空军为迅速夺取制空权，以频繁的空袭活动重点突击了英军的机场，空战十分惨烈。从8月中下旬开始，德国空军每天出动1000多架次，10天内对英国12个空军基地进行了不间断的摧毁性打击，英军损失飞机近300架，飞行员也伤亡甚重。幸存的飞行员经过连续空战已筋疲力尽。英国空军虽然取得击落德机380架的战绩，但自身元气大伤。如果德国空军继续袭击，英空军将无法支持。可就在这关键时刻，希特勒却突然鬼使神差地改变主意，将空袭的重点转为轰炸伦敦。这就使英国空军得到了喘息的机会，化险为夷。从敦刻尔克作战开始这是希特勒第二次犯“战场突然叫停”的错误了。这是为什么呢？战后的历史学家们分析，似乎是一些戏剧性的偶然条件影响了战争的进程。

1940年8月25日，英国空军派出81架轰炸机准备空袭德国本土，主要目标是德军机场和工业基地。但那天天气不好，空中云厚雾浓，有几架轰炸机迷失了航向，糊里糊涂地飞到柏林上空投下了炸弹。自从战争爆发以来，一直沉浸在所向披靡的胜利气氛中的德国首都遭到空袭，受到损失，丢了面子，希特勒恼羞成怒，决心报复，也把矛头指向了伦敦。英军这几个轰炸机组返航后，由于炸错了目标，受到严厉的训斥，甚至准备军法处置。这时发现，后续而来的德机轰炸目标已转向伦敦等大城市。结果前线机场的压力大大减轻了。满身创伤、疲惫不堪的英国空军得到了宝贵的喘息机会，进行休整和补充。

战后曾有人风趣地说，正是由于这几个机组迷航中的轰炸，拯救了英国空军，为粉碎德国的“海狮计划”立下了大功。这些野史路评，正确与否，我们不必深究。但有一点是毋庸置疑的，希特勒认为轰炸伦敦，可以使英国首都陷入混乱，英军统帅部瘫痪，这样德军的登陆任务就可能简化，甚至不登陆也可以迫使英国投降。希特勒的决定也曾遭到德军中许多人反对，但空军元帅戈林则坚决拥护，他企图在空袭伦敦的过程中，诱敌空战，把英机消灭在空中，但是法西斯的如意算盘打错了。那一时期，虽然伦敦、考文重、伯明翰、曼彻斯特、利物浦、普利茅斯等几个大城市都沉浸在一片火海中，受到严重损失。但是，作为战争有生力量的英国空军却保存了下来，并很快恢复了战斗力，重创了德军，捍卫了英国，一直坚持到最后，取得了战争的胜利。

到 9 月 6 日，英国的后备飞机储备已不足 200 架，作战飞机已经入不敷出，如果德国空军继续进攻，英国空军将无法支持下去。

第二阶段主要是轰炸英国的城市目标。时间为 1940 年 9 月 7 日—1941 年 5 月。在此阶段，德国空军对英国的首都伦敦和其他一些重要的工业城市、港口城市，诸如，考文垂、伯明翰、普利茅斯、利物浦等城市目标进行了狂轰滥炸，致使英国损失惨重。但也正是由于德军改变了轰炸目标，才使英国的歼击机部队得到了喘息的机会，迅速恢复了战斗力。将防空力量集中于首都和大城市，继续进行抗击。在德军轰炸伦敦的作战中，伦敦市民伤亡约 9400 人，市区五分之一的房屋被炸毁，每日从伦敦开出的火车由战前的 60 次减少到 4 次。英国工业城市考文垂被夷为平地。但是作为战争有生力量的英国空军却保存下来，并很快恢复了战斗力，抗击和重创了嚣张的德国空军。整个不列颠之战中，德军空军共出动了 46000 架次，向英国投下 7 万多吨炸弹；损失飞机 1500 余架，英国共伤亡 147000 人，100 多万幢建筑物

高射炮兵打仗的方法
——高射炮兵战术

高射炮兵战术就是高射炮兵抗击敌机和其他空袭兵器的方法。

第一次世界大战期间，高射炮兵多以连为单位，靠近被掩护目标配置，与歼击航空兵部队按空域组织协同，并建立对空监视报知系统和专门的指挥机构。

遭到破坏，许多城市被炸毁，英国空军损失飞机915架，伤亡飞行员逾千名。英国人民作出了巨大的牺牲。但是他们没有让一个德军士兵登上不列颠的土地。当时英国首相丘吉尔对英军飞行员的业绩给予了高度评价，他说："在战争史上，从不曾有如此多的人从如此少的人那里得到如此多的好处。"他还动情地赞扬英国军民在战争中所表现的高昂士气和大无畏精神，他说："英国人民是以自己的劳苦、眼泪和血汗，粉碎了希特勒的狂妄企图。"失道寡助的德国空军这把钥匙始终未能打开英国防御的大门。

其实在不列颠之战的后期，希特勒也看到德国空军轰炸效果越来越小，而损失越来越大，征服英国的希望渺茫了，于是把注意力转向东方，加紧准备对苏联发动进攻。"海狮计划"已经流产，实际上变成了掩饰德军侵苏的战略伪装。希特勒又犯了一个更加致命的错误：在未攻下英国之前就调头向东！两线作战，是兵家之大忌。希特勒逆天而行，还有不彻底失败的吗？

"巴巴罗萨计划"——闪击苏联

德国法西斯闪击苏联的作战计划代号为"巴巴罗萨计划"。德军横扫西欧，一些中小国家慑于德国法西斯的穷兵黩武，纷纷倒向德国一边，在不到两年的时间内德国就占领了欧洲的14个国家，此时的希特勒嚣张至极，决心发动对苏联的进攻作战，去啃这块最硬的骨头。德军的战略企图是：集中大量兵力，以闪击战的方式，从三个主要方向对苏联实施迅速猛烈的突击，消灭西部苏军主力，尔后向苏联腹地长驱直入，攻占莫斯科、彼得格勒、顿巴斯，前出至阿尔汉格尔斯克、伏尔加河、阿斯特拉罕一线，并将动用大量的空军部队摧毁苏联东部的乌拉尔工业区，以迅速击败苏联，力争在1941年入冬前结束战争。为此，德军调集了陆军190个师，坦克 4300 辆，火炮 5 万门，飞机近 5000 架，舰船近 200 艘，总兵力 550 万人。战前苏军在西部边境地区的总兵力为 268 万人，其中陆军 170 个师，火炮 4 万门，坦克 2000 辆，舰船 396 艘，飞机 7000 余架，但只有 1540 架新型飞机尚且在改装训练阶段。新型飞机的数量只占 20%，边境大量机场正在修建改建，老式飞机大量封存于跑道附近的停机坪上等待后送，且没有任何伪装掩护措施。正是由于当时苏联最高领导对战争即将来临的形势判断错误，缺乏应付突然袭击的准备，因此在战争初期损失极其惨重。

1941 年 6 月 22 日凌晨 3 点 15 分，德国空军以停放在机场上的飞机为主要突击目标，突然袭击了苏联西部边境地区的 66 个机场，开战仅 9 个小时，即消灭苏军飞机 1200 架，其中有 800 架飞机根本未能升空便被摧毁于地面。与此同时，德国空军还对苏联西部城市、交通枢纽、桥梁、渡口及重兵集团集结地域进行了猛烈的空袭，并在苏军战役纵深运用空降伞兵和利用当地的反叛分子对道路、桥梁、仓库、通信设施进行破坏。开战第一天，在空中大规模进攻的支持下，大批德军装甲坦克集群在宽大的正面上向苏联发起快速进袭，这种快速立体的攻击使苏军很快就丧失了制空权，交通运输和通信联络中断，部队失去指挥，首尾难以相顾，溃不成军，损失惨重，被迫节节败退。战争第一天，苏联空军就损失飞机近 2000 架；第二天，西部军区空军司令科佩茨少将战败自杀，西部大军区司令帕甫洛夫大将也受到军法审判被处极刑，苏联空军总局局长雷恰科夫中将也被判以重刑。截至 6 月底德军消灭苏军飞机 3000 余架，至 8 月底已达 5000 余架，至 12 月 5 日前，在战争初期短短 5 个半月的时间里，苏军飞机共损失 8000 ～ 10000 架！由于空中作战的失利，苏联地面军队失去了空中支援掩护，作战十分被动。战争初期，德军在苏联西部地区进行了十余次重大的合围战役，其中在明斯克、基辅、斯摩棱斯克、维亚兹马等四次重大的合围战役中，每次都围歼苏军主力30万人以上，有两次甚至分别达到60万人。在短短的5个半月内，德军歼灭苏军主力部队380万人以上。并占领了西部边境800～1200千米纵深的苏联国土。到12月初，德军已经兵临莫斯科城下，悬剑克里姆林宫。

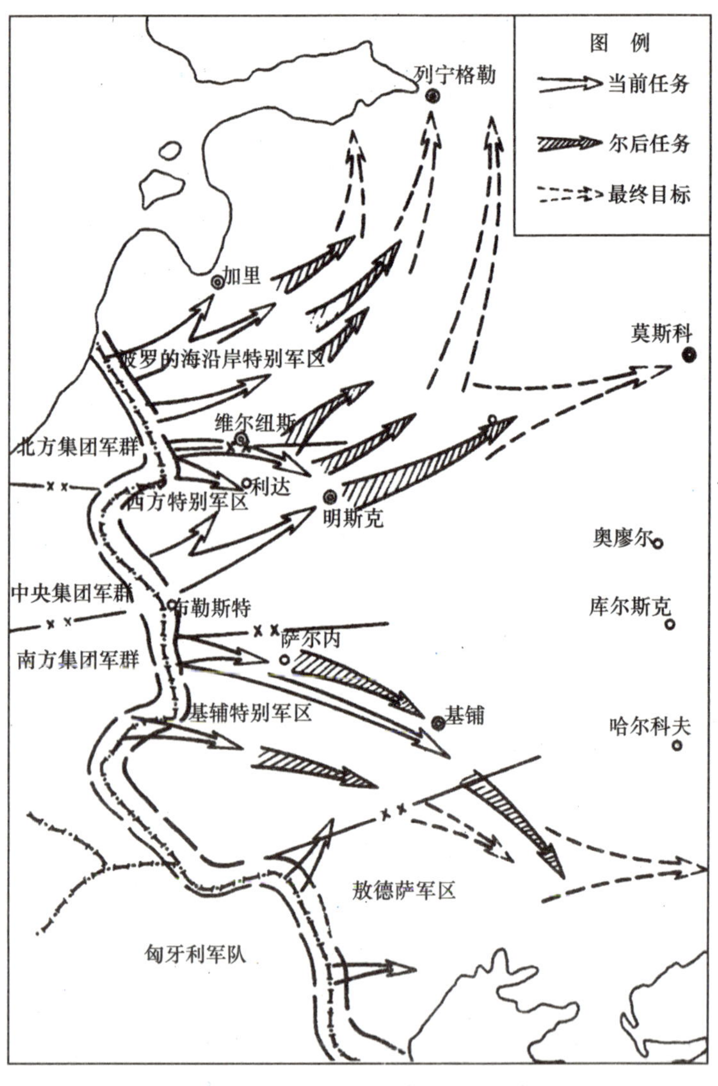

德军进攻苏联的“巴巴罗萨”计划示意图

斯大林

但是，苏联人民并没有被吓倒、被征服，在斯大林的领导下，苏联人民承受了巨大的战争苦难，进行了4年艰苦卓绝的卫国战争，付出了2000余万人的流血牺牲，终于夺回了战略主动权并跨出国境，打到法西斯德国的老巢柏林，取得了反法西斯战争的彻底胜利。

战后，各国军事家对苏德战争初期苏联所遭受的沉重打击进行了种种分析。普遍认为主要原因是苏军最高统帅部包括斯大林本人，被德国从政治、外交、军事等各方面采取的战略隐蔽措施所迷惑，对整个战略形势和战争爆发的时间、规模、方式等估计错误，以致战场准备迟缓，战备训练不足，战略部署不当，缺乏应付希特勒闪电式突然袭击的足够准备。这是用血的代价换来的教训，刻骨铭心，全世界人民都是不应忘记的。

“虎、虎、虎”——突击珍珠港

由于种种原因，狡猾的日本法西斯没有为突袭珍珠港的整体作战行动冠以代号。但是却明确规定了发起突袭和突袭成功得手的代号分别是：“攀登新高山！”和“虎、虎、虎”。一提到“虎、虎、虎”就使人想起那场令美国人和全世界震惊的最无耻的偷袭行动。

1941年12月8日（珍珠港时间12月7日，星期日），日本联合舰队的舰载飞机突然袭击了美国太平洋舰队的主要海军基地——珍珠港，在不到两个小时的空袭作战中，消灭了美国太平洋舰队的主力，使停泊在该港内的舰队和瓦胡岛上的飞机几乎全军覆没。

第二次世界大战全面爆发后，日本为占领战略要地和掠夺南太平洋地区丰富的自然资源必须要扫清南进的障碍，消灭美国太平洋舰队，解决后顾之忧。作战是从突然袭击开始的。突袭珍珠港是日本发动太平洋战争的战略计划中的一个重要组成部分。其最主要的特点就是使用舰载航空兵实施的突然袭击作战，计划中，日军企图以突然袭击的作战方式消灭美军太平洋舰队的大型舰只和航空兵，使其在短期内难以恢复和参战，为日本南进夺取诸战略要地解除海、空威胁，以实现其独霸“大东亚”的迷梦。

参加这次突袭行动的兵力共有各型舰船60余艘，舰载飞机360余架，日本海军联合舰队司令山本五十六大将任此次战略行动的总指挥，南云忠一海军中将任突击舰队前线司令官。为了确保这次偷袭成功，日军进行了周密的组织准备。除了进行大量的欺骗和伪装之外，还进行了反复的演练，着重解决偷袭的战术和技术问题。担任突袭的部队多次进行图上作业、指挥所推演以及沙盘演习，并于1941年8月，选择了和珍珠港地形酷似的日本鹿儿岛上的樱岛进行模拟攻击战术技术训练，训练后期，以集结模拟“美军”战列舰为目标，进行了三次综合性的攻击演习。在突击时间上，由于美舰活动规律一般是周末返港，星期日大部分舰只均停泊在港内，

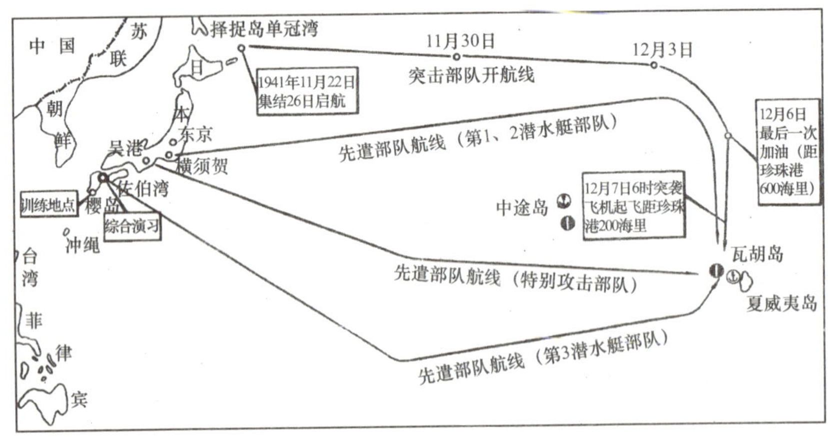

日本突袭珍珠港航线示意图

同时节假日早晨又是美军疏于戒备的时刻，因此选择在 12 月 7 日（星期日）早晨实施，以获突然性。

日本突击舰队于 1941 年 11 月 10—18 日以单舰或小编队离港，11 月 22 日集结于千岛群岛附近，26 日沿预定的北航线出发，航行 12 天中无线电完全静默，12 月 7 日抵达珍珠港北 200 海里的预定展开海域，并在极短的时间内完成了临战前的进攻准备。突袭珍珠港主要是以舰载航空兵实施的。

当地时间 12 月 7 日 6 时，第一波 183 架飞机陆续起飞，采取菱形密集队形，轰炸机位于机群中央，高度 3000 米，鱼雷机在右，俯冲轰炸机在左，高度差 500 米，战斗机在前方

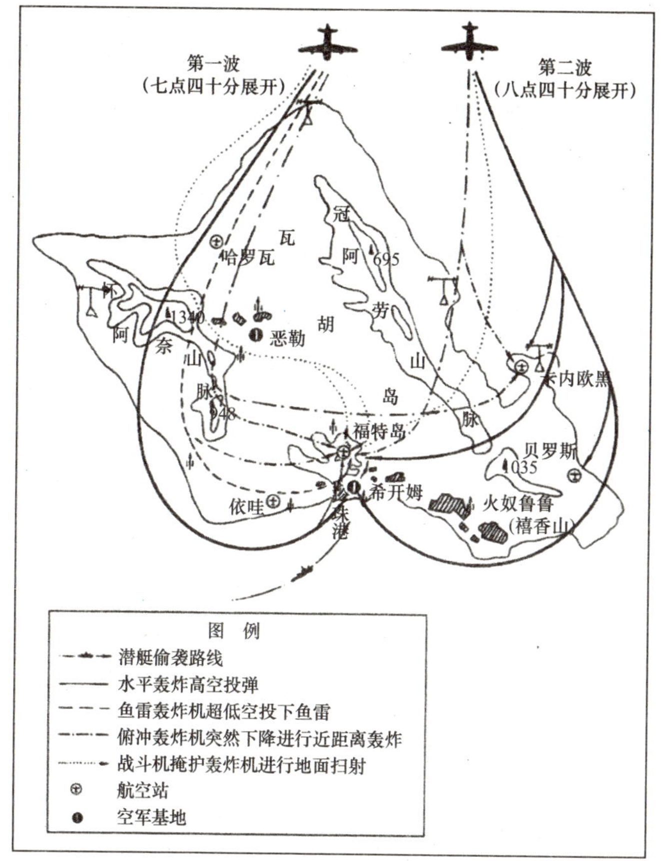

日本突袭珍珠港示意图

与两侧掩护，高度5000米。12月7日清晨，珍珠港风和日丽，海波潋滟。舰上的水兵刚刚起床，收拾完毕后列队在甲板上，举行早晨的升旗仪式。听着军乐队吹奏着那首“星条旗永不落”的曲调，看着旗帜在徐徐升起的时候，日本法西斯的突击飞机已经低空掠过头顶，有人还嘟嘟囔囔地小声骂着：“这些该死的飞行员，为什么飞得这么低，几乎擦到军舰的顶端。这些混蛋们完全不注意安全。”其实，该日早晨7时30分，一个水兵就已发现有20余架飞机向珍珠港飞来，他认为是进行演习和转场的飞机而没有在意。稍后，有人看见一架飞机从北低空飞过基地上空并听到了一声爆炸，人们仍然认为是一次什么事故。直到日军飞机对美军机场和舰船实施集中突击时，密集的炸弹和空投鱼雷击中美机、美舰而引起的冲天大火硝烟弥漫了珍珠港时，美军才如梦方醒，看清了飞机的标志，发出了防空战斗警报。美军司令部广播中气急败坏地反复大声疾呼：“这是日本飞机袭击珍珠港，不是演习！不是演习！”7时40分飞临瓦胡岛北部展开队形开始攻击，俯冲轰炸机从不同的角度首先攻击希开姆、惠勒、福特等岛上所有的机场，压制防空火力。鱼雷机分两批攻击停泊在福特岛东西两侧的军舰，从15～30米的低空施放鱼雷。轰炸机从正西方向进入再次攻击美军主力战舰、机场、飞机与防空兵器及作战有生力量。8时40分第一波攻击结束。第二波167架突击飞机于7时15分起飞，8时50分展开攻击。主要突击港内军舰、机场上的飞机和防空武器等，破坏跑道使美军飞机无法起飞。9时45分突击结束。日军空袭珍珠港前后持续1小时50分，共投下鱼雷50枚、各型航空炸弹556枚，计144吨，击沉击伤美军大型舰船20艘，包括击沉战列舰5艘、巡洋舰1艘、驱逐舰2艘；炸伤战列舰3艘、巡洋舰3艘、驱逐舰1艘、辅助舰5艘、小型舰艇20余艘、飞机260架；美军死伤4575人。而日军仅损失飞机29架、微型潜艇7艘，日军突击珍珠港给美太平洋舰队以沉重打击，元气大伤，并使其丧失战斗力达半年之久。

日军这次作战组织严密、行动迅速、代价小、战果大，是战争史上成功的突袭战例之一。但这次突袭并未完全达到预定的目的。突袭的主要目标——美国太平洋舰队的3艘航空母舰当日训练出海未归，得以幸免。这些航母为美国太平洋舰队战斗力的恢复和以后的反攻作战都发挥了巨大的作用。日军南云中将在两次攻击得手之后，已是大喜过望，他拒绝了实施第三波轰炸的建议，匆忙收兵溜回日本。

珍珠港事件拉开了日美太平洋战争的帷幕。从此，美国加入世界反法西斯战线同盟对日开战，日本法西斯作茧自缚，最终走向灭亡。

从“香格里拉”飞来的轰炸机——轰炸东京

珍珠港事件后，美军又在菲律宾等地连遭挫折，人心沮丧。为了振奋人心，1942年1月，美国开始筹划对日本本土进行报复性空袭行动。美军认为，只有航空母舰才有可能接近日本本土，但舰载机的作战半径与攻击力度都不十分理想，后决定改装陆军航空兵的B-25飞机，使之在航母上起飞，执行任务后飞到中国东海岸机场着陆，整个航程在3200千米以上。领导这一行动的是美国陆军航空兵的杜立德中校，这是一位参加过第一次世界大战的老飞行员，当时已46岁，但技术高超，经验丰富。他选择了24个机组，并对B-25轰炸机进行适当的改进，从1942年3月开始进行在航空母舰上满载起飞及空载陆基机场着陆的训练。4月1日，再次筛选

杜立德空军中校

后的 16 架 B-25 飞机及机组人员搭乘“大黄蜂”号航空母舰，从加利福尼亚启程，开赴太平洋海域。4 月 18 日，美军得知己方的无线电通讯已被日军截收，日本人正在布置相应的措施对付美机的空袭，情况十分急迫。杜立德中校与有关方面商议后决定提前几小时起飞。这样做的危险是，航程增加 800 千米，返航的油量不足；提前出动，整个空袭活动都将在白天进行，遭日军截击的可能性加大了。但是事已至此，为了取得突然性，只能不得已而为之了。

4 月 18 日 8 时 18 分，杜立德中校率领的 16 架 B-25 飞机陆续起飞了，按预定计划向东京飞去。日军已调集了约 200 架各型飞机和 20 艘舰船，准备拦截美机、美舰。但日军犯了一个很大的错误，他们根据“大黄蜂”号的位置和 B-25 的性能推算认为，美机在 4 月 19 日以后才会出动，并且为了给美军以有力的打击，还于 4 月 18 日上午在东京组织了防空演

B-25 轰炸机

轰炸东京飞行员

习，演习直到中午才结束，没有想到就在这时，杜立德的飞机已从低空突入东京的上空，刚刚从紧张的演习中松弛下来的日本防空系统，完全失去戒备，竟未发现美机。那日上午，日本首相东条英机乘飞机外出视察，在机场附近与杜立德的飞机相遇，东条的秘书发现了美机，但为时已晚。多数市民则以为是防空演习的尾声，当飞机掠过学校时，操场上的学生还向飞机招手欢呼呢！杜立德驾驶的飞机与其他 12 架飞机于 12:30 到达目标上空，在东京投下炸弹，其中有几颗炸弹还落在日本皇宫附近。另外 3 架飞机按计划分别在名古屋和神户投下了炸弹与燃烧弹。16 架飞机未遭到抵抗并顺利地完成了轰炸日本的任务。飞机返航时因油量不足，一架在海参崴降落，被苏军扣留。另外 15 架飞机在中国战场的日本占领区迫降或坠毁，8 名飞行员被日军俘虏，5 名飞行员在迫降或跳伞中牺牲。其余 70 名飞行人员，包括 46 岁的杜立德中校在内，经中国抗日军民的全力救援，最后全部安全返回美国。

杜立德率队轰炸东京，从军事上看是得不偿失的，因为轰炸的破坏效果甚微，而且 16 架 B-25 轰炸机全都未能返回。但这一行动在战略上、政治上的影响是深远巨大的。轰炸结

罗斯福

束后，美国各种新闻媒介大肆渲染，广为宣传。珍珠港事件所带来的颓丧情绪为之一扫而光。美国总统罗斯福在回答记者问“飞机是从哪里起飞的”问题时，洋洋得意地说是从“香格里拉”起飞的。“香格里拉”是神话中的世外桃源。此事一直传为美谈，乃至后来，世界上一些环境优美、服务周到的五星级宾馆、饭店也都以“香格里拉”来命名。美国称轰炸东京之举为“历史上最勇敢的行动”。杜立德中校成了美国人民心中的英雄，立即晋升为准将，并获得美国的最高勋章。

“复仇计划”——击落山本五十六座机

1943年4月，日军在太平洋战场已逐渐陷入被动。为扭转局面，日本联合舰队司令山本五十六海军上将于4月初率幕僚到达南太平洋的拉包尔，部署对所罗门群岛驻防美军的进攻。为提高士气，山本决定在返回特鲁克基地之前用一天时间视察布干维尔群岛北端的布因基地。随行参谋渡边中校制定了日程安排，要求派信使送去。但通信军官鉴于人手不足，坚持用电报拍发，并解释说密码4月1日刚刚才启用，不会被破译。

4月13日电报发出后即刻被美军截获，美军密码情报人员干了一个通宵，于14日凌晨破译成功，上午8时由太平洋舰队情报官送交舰队司令尼米兹海军上将。电报中称：山本上将及参谋人员共7人分乘两架飞机将于4月18日晨6时飞抵拉包尔，由6架歼击机护航，预定上午9时45分到达达卡希里岛的布因机场。目睹电文的尼米兹喜形于色，决心组织设伏，将山本座机击落，以报珍珠港一箭之仇。他认为山本在日本海军将领中出人头地，击毙他不仅将降低日军战斗力，而且会给日军部队以巨大打击和心理震动。美国海军作战部长诺克斯同意这一计划并报经罗斯福总统批准。于是一个以“复仇”为代号的计划，在华盛顿和美军太平洋舰队司令部之间的绝密屏幕掩护之下，紧张而有序地制定与准备着。任务的中心是：不惜付出任何代价，务必击落山本座机并将其消灭。

尼米兹

实施“复仇”作战任务的是美军驻所罗门地区航空兵部队指挥官米切尔海军少将所辖的部队。4 月 17 日下午，他秘密地召集了有关人员详细研究了这次袭击的计划。决定精心挑选 18 架 P-38 型远程战斗机组成空中作战编队，由米歇尔少

P–38 型远程战斗机

校担任空中机群带队指挥长机，机群中由朗菲尔中尉率6架飞机组成空中截击编队，任务是直接攻击山本座机，其余12架飞机担任空中掩护。在准备阶段，飞行员们周密地计算了起飞时间、飞行距离、航行速度及空战中双方兵力对比和可能遇到的各种复杂特殊情况，最后决定在布干维尔岛附近拦截山本的座机，力争一战成功。

1943年4月18日清晨7时25分，执行“复仇”作战计划的16架P-38型飞机准时起飞，升空后美机立即实施无线电静默，同时下降高度贴着海面飞行了大约2个小时，躲避了日方设在各个小岛屿上雷达的侦测，按时到达指定伏击空域。上午8时，山本一行的飞机编队按预定时间起飞，山本乘坐的是一架绿色伪装的双引擎轰炸机，他的参谋人员乘坐另一架相同的飞机，还有6架“零式”战斗机担任护航。9时30分，山本座机距目的地只剩15分钟的航程，已经可以看到布因机场了，飞行高度2500米，护航机在右后方，高度3000米。

“零式”战斗机

此时双方都是按预定计划相向飞行，到9时34分，事情犹如预演过一样，美日双方的飞机在布干维尔岛附近上空相遇了。美机迅速投掉副油箱进入战斗。朗菲尔中尉及其僚机飞行员巴伯少尉以迅雷不及掩耳之势首先击落了后面那一架轰炸机，然后调转机身攻击另一架轰炸机。在他们的意念中就是必须将这两架大型机全部击落才能确保击落山本的座机。在又击落一架前来纠缠掩护的“零式”战斗机后，他们发现可能是山本座机的那架大型机降低到高度60米，正贴着茂密的林海树梢企图低飞逃遁，护航日机则疯狂扑向美军机群进行拼死的掩护。

朗菲尔和巴伯不顾一切地追上去在原始森林的上方低得几乎要擦到树梢的高度穷追不舍，抓住机会，瞄准目标，按下射击按钮，一串复仇的炮弹拖着长长的火焰射向敌机。刹那间山本座机的右发动机着火，爆炸右机翼起火并脱落，飞机在大火中翻滚着坠落在布干维尔岛上的莽莽密林中。令美国人刻骨铭心仇恨的山本五十六终于一命归西了。9时38分，经过激烈空战的美国机群完成任务脱离战斗返航，整个战斗从遭遇到结束只用了4分钟。美机共击落日军两架轰炸机和3架“零式”战斗机，日方击落美军一架P-38战斗机。当最后一架日本护航机望着热带丛林中升起的冲天黑烟悻然离去时，这次成功的“复仇”伏击作战行动圆满落下帷幕。

兵不厌诈——“肉馅行动”

1943年7月10日，盟军在意大利南部的西西里岛实施了大规模的登陆战役。为隐蔽战役企图，确保登陆成功，在此役之前，盟军导演出一部成功的欺骗伪装“剧目”。它的行动代号是:“肉馅行动”。

1943年4月30日，在西班牙南部沿海城市韦尔发，海浪将一具尸体冲上沙滩。死者身穿英国皇家海军陆战队的战地服装，附近还有一只被撞坏了的橡皮救生艇。西班牙当局发现这具尸体后，很快把他偷偷地运走了。从死者身上找到的文件表明，他是英国联合行动司令部的作战参谋马丁少校，在乘飞机前往盟军地中海联合舰队的途中，因飞机失事而落海身亡的。当时，西班牙与纳粹德国关系密切，西班牙总参谋部便将马丁少校携带的文件拍成照片，送给了德国人。德军仔细地研究了这些文件之后，认为都是“极有价值”的重要情报。其中有封巴顿写给美国五星上将艾森豪威尔的信，信中谈到两国联合作战问题，更为重要的是英国副总参谋长的一封信上说，为了迷惑敌人，打算利用意大利的西西里岛来掩护对希腊的登陆作战。德国人看到这些信件后，如获至宝，欣喜若狂。

其实，这恰是英国情报机关布下的圈套。目的是将德军的注意力从西西里岛引向希腊，并错误地部署抗登陆的兵力。英军情报机关从医院搞来一具无人认领的死尸，给他穿上军服，随身携带的文件和物品，包括信件的签名、图章和密封，完全同真的一模一样，足以证明死者是一位“年轻而重要”的参谋军官。将尸体丢弃在西班牙的韦尔发，也是精心策划的。因为西班牙与纳粹德国勾结很紧，韦尔发又处在从英国飞往北非的航线上，而且当地当时的潮汐情况也适合这次行动。英国情报机关通过调查了解到当时德国驻韦尔发的领事是一个老奸巨猾的职业特务，将肥肉送上口去，岂有不吃的道理。一切准备就绪之后，“马丁少校”被装进一只里面放着干冰的大木箱，然后送上潜艇，运往“飞机失事”地点。潜艇于4月

航空兵打仗的方法——航空兵战术

航空兵战术就是空军航空兵进行战斗的方法。1911—1913年期间的墨西哥内战、巴尔干战争对飞机的使用，是航空兵战术的萌芽时期。第一次世界大战中，随着飞机技术、战术性能的改进和担负任务的不同，航空兵有了侦察、歼击、轰炸、强击、运输之分。战斗活动由单机执行任务，逐渐发展为本机种和多机种的编队活动，从而产生了航空兵战术。

19 日起航，而“马丁少校”的口袋里却装着两张 4 月 22 日的戏票存根，以表示那天晚上他还在伦敦看戏哩。4 月 30 日，英国潜艇将“马丁少校”的尸体和橡皮艇秘密地扔在距离韦尔发 1 英里（1 英里 =1.609 千米）的海岸上。

接着，英国驻西班牙大使馆人员表现出十分的“惊慌失措”。要求西班牙政府帮助寻找“飞机残骸”。驻使馆的海军武官还特地直接赶到西班牙海军部进行交涉……这一番形象逼真的表演，打消了德国人的疑虑。

潜入英国本土的谍报人员传递回来的也都是英国人故意提供的假情报，“证实了马丁少校确有其人”。

德国大本营很快报告给希特勒，使这个纳粹头目对此深信不疑，并下令将西西里岛驻守的兵力、交通运输和通信联络器材调往希腊，在西西里岛仅留下了两个师守军。“肉馅行动”后 3 个月，西方盟军即在西西里岛的东南方突入，攻占了这个有战略意义的岛屿，全歼敌军 16.7 万人，盟军方面仅伤亡 2.1 万人。直至这时希特勒才如梦方醒，但为时已晚。

“肉馅行动”计划实施的始末，一点一滴都透着英国情报机关的精明，他们在欺骗伪装计划中滴水不漏，连最细微的技术情节都处理得十分周全。整个计划的制订与实施令世人拍手叫绝，战争是火与剑的对抗，也是智谋的较量。

“樱花特攻队”——日本法西斯的自杀飞行队

1944 年秋季，盟军在太平洋战场已经开始大规模的反攻作战，日本法西斯已是穷途末路。10 月，日本海军中将大西泷次郎到达吕宋岛，接任第五基地航空队司令。他发现日军还能升空作战的飞机已经不到 100 架了。为了弥补作战力量的不足和“确保以微弱的力量取得最大的战果”，这个丧心病狂的战争狂人竟然决定成立自杀式的飞行突击队，命名为“神风特攻队”（又称“樱花特攻队”）。他在日本本土征召了大批十六七岁的学生进入航空学校，只经过最简单、最基本的驾驶技术训练就被编入了“神风特攻队”，让他们驾驶只能起飞不能降落的“飞机”，满载着250千克以上的炸药，实施俯冲去撞击美军的航空母舰或其他大型军舰，实现所谓的“为帝国尽忠立功”。

1944年10月19日，美军在菲律宾的一些岛屿登陆，自22—25日，日军共出动了800余架飞机，进行了168次“特别攻击”。那些低飞的日本“飞机”一架接着一架从天空中钻出来，摇摇晃晃好似醉汉一般，尽管大多数的“飞机”都被美军击中，拖着浓浓的黑烟一头扎进大海，但也有少数冲撞命中目标。三天中共计炸沉美军航空母舰2艘，驱逐舰3艘，取得了一定的战果，同时也在美军中造成了很大的恐慌。日本法西斯借机大肆宣扬“神风特攻队”的功绩，并进而向这座“焚尸炉”中投进更多的日本青年。随着战争进程的发展，日军消耗巨大，已经拿不出更多的自杀飞机让这些受骗的日本青少年去送命了。于是日本法西斯头目又独出心裁地想出了另一种残忍的办法来做垂死挣扎。

1945年4月12日，日军首次使用“樱花”载人飞弹。这是一种由轰炸机携带的有人驾驶飞航式炸弹，装1000千克烈性炸药，安装3台固体燃料火箭发动机，发现目标后，从近千米的空中投放，滑翔中由“自杀飞机”的飞行员启动发动

机，操纵飞弹以每小时805千米的速度冲向目标。执行任务前，这些飞行员甚至被告之，冲撞美国军舰的烟囱、直通舰内的锅炉及发动机部位最为有效！在整个太平洋战争后期，“神风”和“樱花”特攻队的自杀飞机、自杀飞弹共出动4000余架次，炸沉美军舰34艘，炸伤288艘，日军将这些罪行称为“辉煌战果”。

但是“神风特攻队”和“樱花”自杀飞弹并没有能够改变日本法西斯的灭亡命运。

日本列岛上灾难的蘑菇云

在武器的发展进程中，核武器是一种令人战栗的毁灭性武器。1945年8月6日和8月9日，在反法西斯战争的最后阶段，美军在日本的广岛与长崎投下了两颗原子弹，随着灾难的蘑菇云腾空而起，促进了日本法西斯的最后灭亡。这是核武器在战争中的第一次使用，当然，全世界人民都希望这也是核武器最后一次使用。

1945年7月16日，第一次原子弹爆炸试验在美国的比基尼岛实爆成功。这时日本本土正遭受美军大规模的战略轰炸，胜利在望之时，美国不希望苏联介入太平洋战争，企图用原子弹来加速战争的进程，迫使日本在苏军参战之前投降，从而削弱苏联在远东的影响。美国总统杜鲁门决定在8月初对日本投掷原子弹。

杜鲁门

第一颗原子弹被命名为“小男孩”，是一枚铀弹，弹长3.05米，直径0.71米，外形同普通的炸弹差不多，弹重4082千克，当量2万吨级。为执行

B-29 飞机

这次任务共出动 B-29 飞机 6 架，其中一架为原子弹载机，其余为保障飞机。1945 年 8 月 6 日凌晨，执行原子弹攻击的 6 架飞机先后从马里亚纳群岛的提尼安岛机场起飞，担负攻击的 B-29 飞机取名为"埃诺拉·盖伊"号，这是该机机长保罗·蒂贝茨上校母亲的名字。飞机越过茫茫的太平洋，于 8 时 15 分抵达日本广岛并在 10 千米高度上投下原子弹，弹上有降落伞，在离地面 666 米高度上爆炸，形成一个直径约 100 米

小男孩

胖子

的火球，爆心温度达30000℃。在半径1千米之内，花岗岩被熔化。在距爆心3.2千米内的建筑物几乎全部被毁。广岛是日本的第八大城市，重要的军港，原有人口36.5万人，已疏散12万人，原子弹使广岛遇难人数达10万人，城市被毁60%以上。

美国投下原子弹后，接着派飞机撒下1600万份传单，声称一枚原子弹的威力相当于2000架B-29一次轰炸，并恫吓说：如果日本仍拒不接受投降条件，他们可以预期，毁灭性的打击将如雨点般地从天而降，地球上从未出现过类似的毁灭。但是广岛的毁灭并未使日本投降，所以8月9日苏联对日宣战，苏军进入中国东北实施远东战役，美国的第二颗原子弹也同时投到了日本的长崎。第二颗原子弹是一枚钚弹，取名为“胖子”，弹长3.25米，直径1.52米。

8月9日凌晨3时39分，代号“博克之车”的B-29轰炸机载弹起飞，奔赴第一目标小仓，到达目标区后，三次进入均因地面被浓烟遮蔽，未能找到预定的目标瞄准点，便决定飞向第二目标长崎，就此决定了长崎市的悲惨命运。10时58分飞机投下原子弹，长崎市顿成一片火海和焦土。长崎市原有人口25万人，遭到核攻击后，伤6万人，死7.48万人，市内工厂有68%被毁坏。

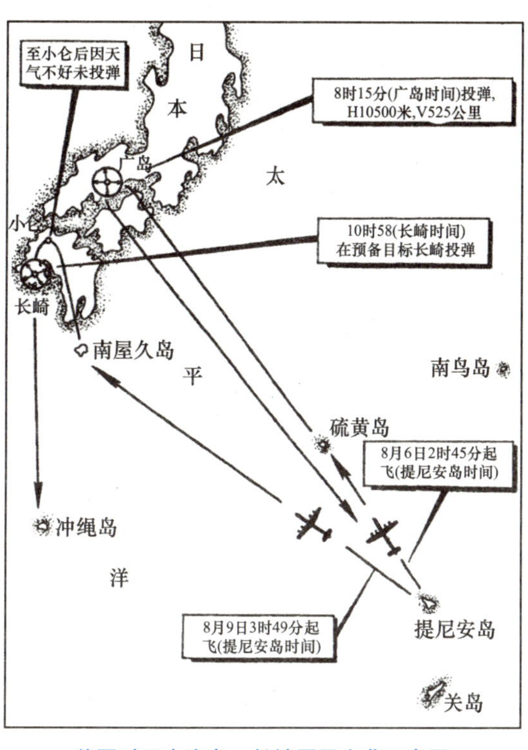

美国对日本广岛、长崎原子突袭示意图

“霸王计划”：“在登陆的那一天，所有能看见的飞机都应该是我们的！”

1944年上半年开始，世界反法西斯战争形势十分有利。在太平洋战场，日本陆军深陷中国大陆，海、空军也在与美军作战中连遭惨败，自顾不暇。意大利政府已投降，美英已占领了罗马。苏德战场上，苏军发动了战略进攻，德军一再溃退，大量的德军被调往苏德战场作战。根据这种态势，世界反法西斯同盟国决定在法国西海岸的诺曼底地区实施大规模登陆作战，开辟第二战场，继而向欧洲腹地进攻，消灭法西斯德国。盟军在诺曼底实施登陆战役，其军事行动的代号为：“霸王计划”。

为确保登陆战役成功，盟军进行了周密的准备工作，调集盟军36个师，总兵力288万人，飞机13700余架，各型舰、船、艇9000余艘，艾森豪威尔上将被任命为盟军最高司令坐镇伦敦。登陆战役中的第一梯队8个师组成第21集团军

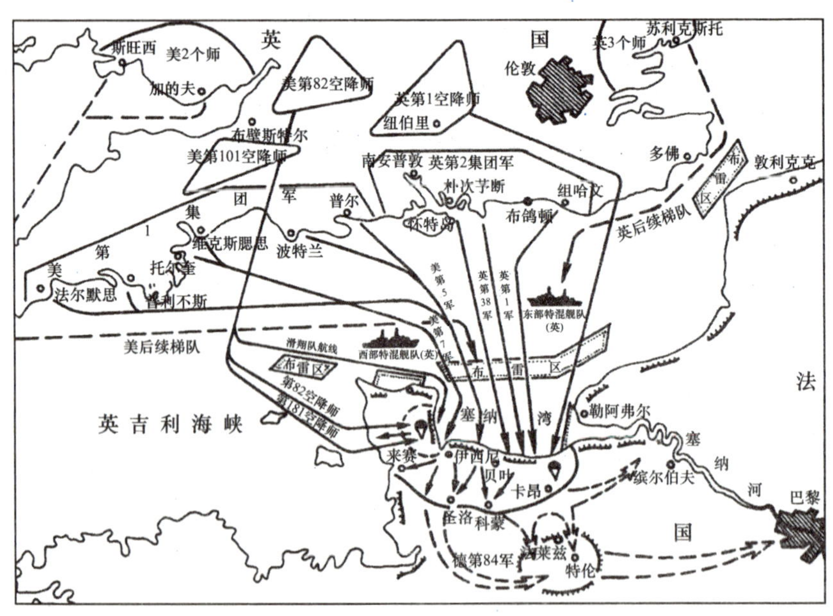

美英军在诺曼底登陆战役示意图

群，由英军蒙哥马利元帅指挥。登陆战役发起之前的4个月中，已对法国西海岸全方位地进行了大规模战略轰炸和欺骗伪装行动。彻底摧毁了抗登陆设施和沿岸的近百个机场，为登陆作战创造了良好的条件。

1944年6月6日凌晨，人类历史上规模最大的一次登陆战役开始了。盟军利用涨潮时机和刚刚出现的暂短好天气开始在诺曼底地区登陆。美军王牌的空降第82师、第101师和英军空降第6师在登陆地域两翼空降着陆，夺占了两翼的交通枢纽、渡口、桥梁和战场范围内的其他重要目标，配合登陆兵上陆。紧接着，由蒙哥马利元帅统率的第一梯队8个师如潮水般地涌向诺曼底，英勇地扑向敌军并突击登陆。驻守在诺曼底的德军万万没有想到，顷刻之间，天空中会出现几千架飞机和上万个五颜六色的降落伞。炸弹、炮弹像雨点一样倾泻到他们的头上，此时，蓝黑色的海面上千帆竞发，无数的盟军士兵呼喊着冲上海滩，刚刚还风平浪静的诺曼底转眼便成了血肉拼搏的疆场。为数不及登陆部队零头的德国守军尽管作了一些抵抗，但犹如螳臂挡车，无济于事。经过43天的激烈战斗，诺曼底登陆战役以盟军的全胜而告终。登陆的盟军开始向欧洲腹地进军。

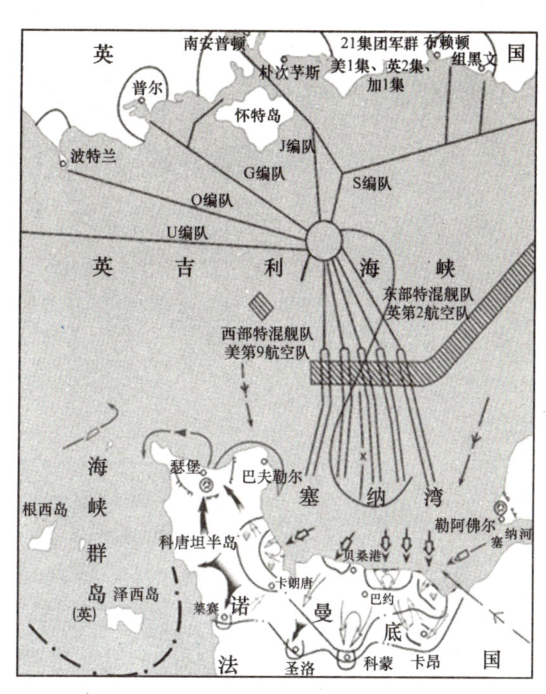

诺曼底登陆战役是第二次世界大战中乃至迄今为止人类历史上规模最大的一次登陆战役。这次登

陆战役有许许多多值得研究和借鉴的特点。首先，盟军在战前进行了长期周密的准备，时间长达半年之久。兵力与物资器材准备充足，对登陆地区的天气、水文、地形调查得十分清楚。战役伪装成功，为保障登陆提供了必要的条件。其次，登陆是在掌握绝对的制空权和制海权条件下实施的。在整个登陆过程中，盟军可能使用的飞机为13000余架，而德军飞机不超过500架，兵力对比为26∶1。艾森豪威尔曾扬言："在登陆的那一天，在诺曼底上空看到的飞机都应该是我们的。"盟军在登陆前和登陆过程中以强大的航空兵力进行猛烈的轰炸。仅在航空火力准备阶段，就在整个登陆正面投下了10000吨炸弹，平均每千米正面达100吨。对于摧毁德军海岸防御，掩护登陆起了重要作用。第三，有大规模空降相配合，登陆兵上陆前空投下来3个空降师，支援了上陆和扩大登陆场的作战行动。还有，盟军采取了伪装措施，选择了敌人始料未及的登陆地区，隐蔽地进行战役准备，并在加来地区采取了有效的佯动措施，使德军判断失误，把主要兵力配置在加来地区。甚至直到盟军已经开始在诺曼底地区登陆并且战斗十分激烈时，希特勒本人还固执地认为："任何在其他地区的登陆行动都是盟军的佯动措施，真正的登陆肯定在加来。"由此而贻误战机，铸成大错。

诺曼底登陆战役是钢铁的较量，是血和火的较量，也是人的较量，更是人的计谋和勇气的较量。同时应该说的是，正义战争必胜。

航空兵打仗的方法——航空兵战术

第二次世界大战期间，歼击航空兵的空战规模和空间逐步扩大，以编队空战为主。轰炸航空兵以大编队突击重要目标。强击航空兵以中小编队直接支援地（海）面军队的作战行动。战后，飞机的性能和武器装备，发生了阶段性变化，航空兵战术又进入了一个新的发展时期。

战后局部战争中的空中作战

粉碎美军的“绞杀战”

1951年8月初，侵朝美军制定了“空中封锁铁路线”（即所谓“绞杀战”）的作战计划。主要企图是切断我军后方交通线，阻挠我军前、后方的联系，削弱我作战力量，进而迫使我接受其停战条件。但是，从1951年8月18日—1952年5月，历时10个月的“绞杀战”终被我志愿军空军粉碎。当时侵朝美国空军的兵力已增至19个联队，作战飞机1100架。连同海军的飞机共达1400余架。机型主要是B-29轰炸机、F-86歼击机和F-84歼击轰炸机。我志愿军空军兵力共有19个歼击师和两个轰炸团，连同友军共计飞机556架。主要机型是米格-15歼击机和图-2轰炸机。当时的敌我兵力对比，我军处于劣势。为彻底粉碎敌人的“绞杀战”，志愿军空军在中朝人民空军联合司令部的直接指挥下，先后组织了9个歼击师进行轮战，并组织了两个轰炸师的部分兵力突击敌人的地面目标，以配合整个作战行动。

F-86 歼击机

F-84 歼击轰炸机

我空军面临的首要任务是歼灭敌来袭的大机群。1951年9月25日，我军先后发现敌机5批

米格-15歼击机

112架，企图袭击我方重要铁路目标。我机接令后共起飞战斗机32架，飞行员英勇顽强与敌格斗，击落了敌机数架，破坏和阻碍了敌战斗行动。26、27日，我机协同友军空军与敌展开大规模空战，共击落敌机26架，击伤8架。毛泽东主席在看到空4师战报后亲笔写了“空4师奋勇作战，甚好甚慰”的批语，极大地鼓舞了全体指战员。继空4师参战后，空3师、空6师、空2师以及空12、14、15、17、18师等部队先

图-2轰炸机

后参战。至12月初空战规模越来越大，双方投入兵力达300架之多。我共击落敌机111架，击伤36架；被敌击落63架，击伤25架，敌我损失比为1.8∶1。我以较小的代价取得了较大的战果。在整个粉碎敌“绞杀战”的行动中，我军共出动作战飞机685批，11177架次，共击落敌机123架，击伤41架；我机被击落84架，击伤28架，敌我损失比为1.46∶1，从而有效地掩护了铁路运输线，使我军作战物资得到逐步的补充。在朝鲜战争中，志愿军空军共击落敌机330架，击伤95架，朝鲜的三千里江山上空镌写着志愿军的英名。

击落美军“双料空中英雄”——费席尔

1953年4月7日下午，志愿军空军的12架米格-15歼击机在朝鲜北部楚山上空与美国空军F-86战斗机进行空战后按预定计划返航。驾驶3号机的长机飞行员张牛科正在着陆，僚机飞行员韩德彩发现在左前方300米高度有两架飞机正在左转，突然后面那架飞机离开编队改变航向转向自己的长机，韩德彩这时才发现这是一架美军F-86战斗机，他立即呼喊长机“拉起来！”此时敌机距长机仅300米，几乎与喊声发出的同时敌机向3号机开炮。韩见长机已被击伤冒烟，提醒长机“快跳伞！”眼见朝夕相处，亲如兄长的长机被敌机偷袭，年轻的僚机飞行员怀着满腔仇恨，决心将敌人击落。他充分发挥自己熟练的驾驶技术和米格-15飞机爬升性能好的优点，迅速加大油门、拉起操纵杆使飞机跃升到敌机的尾后，增速冲向敌机。敌机发现4号机向其逼近被迫停止了向已受伤的

志愿军飞行员韩德彩

3号机的继续攻击，慌忙下滑右转逃跑。韩德彩判断敌机因高度低不可能再下滑，因此果断地决定不随其下滑而主动将飞机升高观察待机，掌握了主动。此时狡猾的敌人以为已经摆脱我机的追击，便又左转上升，而这个位置恰好处在有利于我机实施攻击的右前下方。我机飞行员操纵飞机略带下滑角咬尾瞄准攻击，敌见势不妙，又突然改为右转上升，我机迅速压右坡度切内径跟踪瞄准，距敌约300米处，韩德彩稳稳地把敌机套进了飞机的瞄准具光环，一阵炮火，当即将敌机击落。飞行近千小时，美国空军上尉飞行小队长，侵朝战争中飞行战斗出动175次，被吹嘘为“双料空中英雄”、“王牌飞行员”的哈罗德·爱德华·费席尔被迫跳伞后逃生。做了我军俘虏的费席尔在接受我军审讯时提出一定要亲眼见一见击落他的是什么样的人，当他见到击落他的是中国空军不满20岁的年轻飞行员，并且得知其在战斗机上飞行时间还不足100小时的情况后，费席尔羞愧地低下了傲慢的头。最有意思的是，时隔50年后，费席尔又再次访华并与时任中国人民解放军南京军区空军副司令员的韩德彩同志会面。当年的对手再次见面时，费席尔不禁感慨地说，我们应该是朋友，我们不应该再有战争。

航空兵打仗的队形——航空兵战斗队形

航空兵战斗队形就是航空兵的若干架飞机在空中按一定规律排列所形成的队形。主要有梯队、纵队、蛇行队、横队、箭队、菱队、密集、疏开和疏散队形。

航空兵战斗队形经历了由小编队队形到大编队队形、又由大编队队形到小编队队形，以及由若干个小编队组成不同规模的机群队形的发展过程。

“王牌”飞行员的覆灭——击毙戴维斯空战

抗美援朝战争中，中国人民志愿军空军在朝鲜泰川地区上空击落美军“空中英雄”、“王牌”飞行员乔治·A·戴维斯少校中队长的战斗扣人心弦。1952年2月10日，志愿军空军第4航空兵师起飞米格-15飞机两个团，按计划1个团担负掩护，1个团准备打击美军F-84、F-80战斗轰炸机群。出航中因队形保持不好，搜索警戒不严，1个团遭美军F-86战斗机偷袭，队形被破坏。大队长张积慧和僚机飞行员单子玉遭敌8架F-86的攻击，在极端被动的情况下，张积慧与僚机勇敢机智，沉着应战，灵活运用战术技术，变被动为主动。当发现美机右转企图咬尾偷袭时，立即作右上升转弯，以争取高度避开咬尾。转约80°时，美机因速度大从下方冲出，张积慧双机即向左急反扣，恰好处在美机右后上方有利位置。美机见处于被动，即作急俯冲摆脱。张积慧双机立即猛冲下去，美机又向太阳方向作急速上升。此时张积慧双机位于美机正后方，对着太阳不便观察跟踪，随即向右侧滑，监视跟踪美机。当美机再次作急俯冲摆脱时，张积慧立即推机头俯冲紧追不放，在僚机的紧密配合掩护下，两次开炮将敌带队长戴维斯驾驶的飞机击落，坠毁于朝鲜博川三光里以北2千米的山坡上，戴维斯当场毙命。紧接着张积慧又向敌僚机开炮，将其击落。此战张积慧荣立一等功，并荣获“一级战斗英雄”称号。

张积慧

F-80战斗轰炸机

“空中英雄”、“王牌”飞行员戴维斯被击落的消息在美国国内引起极大的震惊。当时美国远东空军司令威兰中将称：戴维斯的损失“是对远东空军的一大打击”，“是一个悲惨的损失”，“给朝鲜的美国喷气机飞行员带来了一片暗淡气氛”。大队长张积慧当时在战斗机上仅飞行了100多小时，空战经验并不多，但能够击落参加过第二次世界大战，飞行3000多小时的空战老手，对当时年轻的志愿军空军部队是一个极大的鼓舞。

“六五战争”——以色列对阿拉伯国家的空袭作战

1967年6月5日开始的第三次中东战争是以色列对阿拉伯国家发动的一场大规模战争。战争进行了6天，历史上也称“六五战争”。以色列的作战企图是实施战略速决的进攻战，以空军为先导，实施突然袭击，首先摧毁埃及空军，夺取西奈半岛，尔后视情况转移兵力，占领约旦河西岸、戈兰高地，择有利时机进行谈判，宣布停火。阿拉伯国家以埃及、叙利亚为主，总的作战企图是实行联合战略防御战，分别在三个方向上扼守战略要地，打破以色列的进攻企图，尔后借助苏联的力量谋求政治解决。战前的兵力对比是：阿拉伯国家拥有飞机共882架，坦克1560辆，总兵力约40万

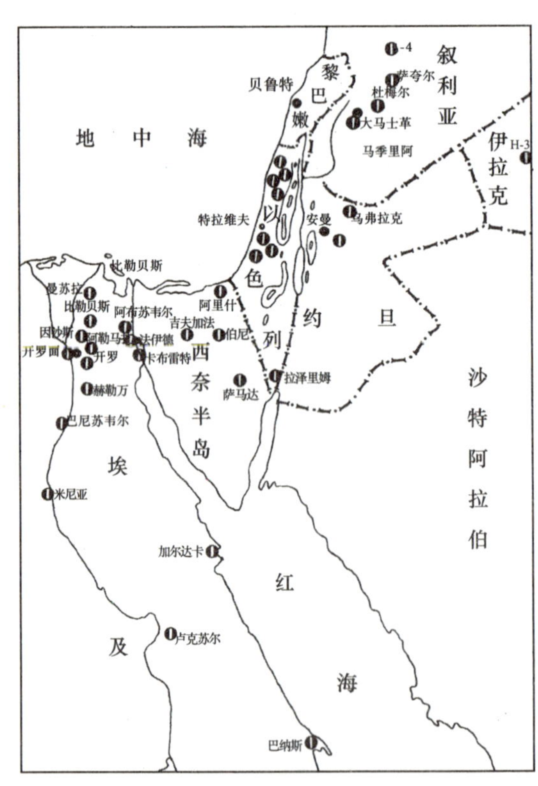

阿、以双方机场分布图

人。以色列拥有飞机350架，其中作战飞机仅273架，坦克800辆，总兵力25万人。阿以兵力对比为：坦克2∶1；飞机2.5∶1；人员1.6∶1。

1967年6月5日7时45分（开罗夏令时间8时45分）以色列空军作战飞机首先袭击了埃及的16个机场，在不到3个小时的时间内，顺利地夺取了决定性的战果。全天共突击埃及19个机场，约300架埃及飞机被击毁在地面上。此外还摧毁了许多地对空导弹和雷达站。当天以色列还突击了叙利亚、约旦和伊拉克的一些机场。开战第一天，阿拉伯国家的大部分飞机被毁于地面，完全丧失了制空权。在以色列空军突然袭击的掩护下，以军地面部队3个师快速越过国境，分多路向阿拉伯国家发动了猛烈的进攻。阿军陷入混乱，遭到惨重损失。虽然进行了抵抗，但苦于没有空军掩护，得不到友邻配合，无法改变战局，使西奈半岛全部落入以军之手。

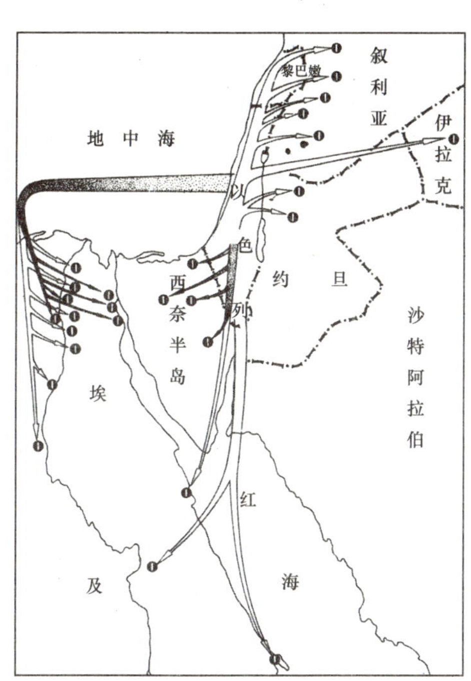

以空军突击阿机场示意图

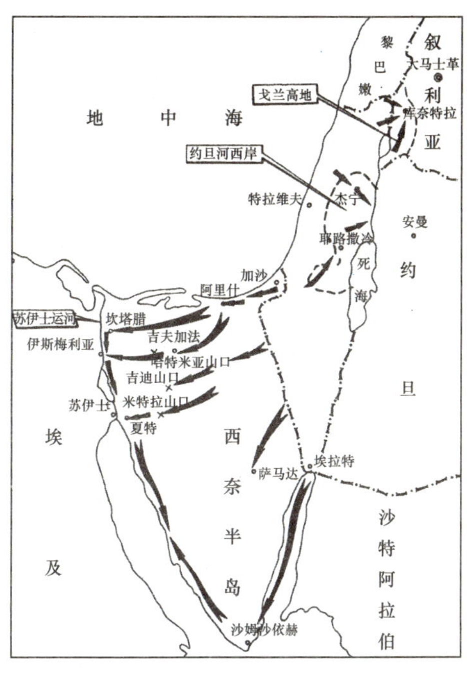

以色列地面军队进攻路线图

9 日晨，埃及宣布停火。在西线以色列向埃及进攻后不久，东线以军即对约旦发动进攻，经过三天战斗，占领了约旦河西岸地区，8 日晨，约旦接受停火。9 日上午以军将主力转移到叙以战线，在空军支援下，以军分三路进攻戈兰高地，叙军损失惨重，于 11 日宣布停火。战争结束，以军占领了加沙地带、埃及的西奈半岛、叙利亚的戈兰高地的约旦河西岸地区，共约 6.5 万平方千米的土地。短短 6 天战争，阿军损失惨重，共计损失飞机 560 架、坦克 820 辆；被俘 6500 人；负伤 35700 人；死亡 35000 余人。而以军只损失飞机 46 架、坦克 61 辆；被俘 19 人；负伤 2500 人；死亡 809 人。以色列空军战前周密的计划和长期不懈的准备为这次突然袭击取胜奠定了基础。

“赎罪日战争”——第四次中东战争中的空中作战

第四次中东战争是阿拉伯国家对以色列发动的一次收复失地的战争。1973 年 10 月 6 日—10 月 24 日，历时 18 天。10 月 6 日是犹太教的赎罪日，所以也称“赎罪日战争”。以色列在第三次中东战争中侵占了阿拉伯国家的大片土地，并沿苏伊士运河东岸建立了巴列夫防线，在戈兰高地构筑了防御阵地。以巩固其霸占的地区。阿拉伯人民对此极度不满，要求“抗战雪耻，收复失地”。以埃及和叙利亚为主的包括 11 个阿拉伯国家的联军作战企图是：用突然袭击初期获胜的有限军事行动，收复失地，迫使以色列在被动状态下谈判，以取得中东问题政治解决的有利地位。战前阿以双方空军兵力比为：总兵

听令行动——航空兵战斗出动

航空兵执行战斗任务的飞行出动。包括空中进攻战斗、防空战斗、空降战斗和支援作战的出动。

航空兵按计划出动是基本的出动方式。航空兵无论在何种战斗中，都会根据战斗任务、上级的企图和要求，制定战斗出动计划，战斗开始按照计划依次出动。在支援陆、海军作战中除了有按计划出动外，还有听召唤出动等。

力3200人：1500人；作战飞机746架：403架；防空兵器1280部：75部。

10月6日下午2时，阿军趁以军过赎罪节，从西、北两线同时向以军发动了突然袭击。西线埃及军队在空军的支援掩护下强渡苏伊士运河，突破了巴列夫防线；北线叙利亚军队在空军支援下分三路发动全面进攻，全线突破戈兰高地防线，一路挺进战役纵深。在埃、叙军队发起突然袭击时以军正在过赎罪节，遭到袭击后一片混乱，处境十分被动。此时以军的航空兵进行了前所未有的顽强反击，但损失惨重，战争头三天内损失飞机达80余架，占以空军兵力的1/5。且大多是被地对空导弹所击落。埃军在运河以西地域部署的地对

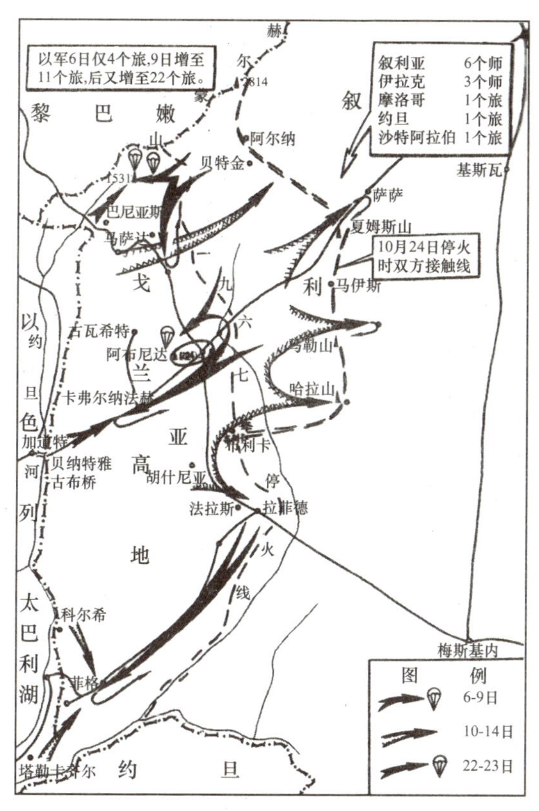

叙、以战线作战经过示意图

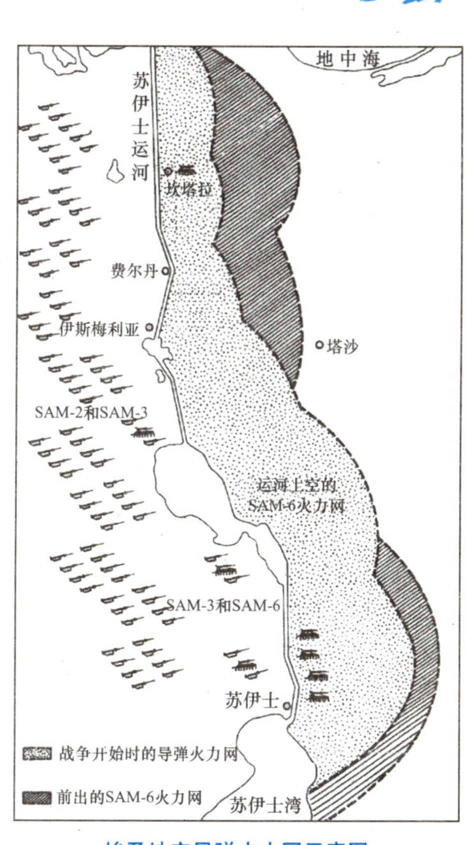

埃及地空导弹火力网示意图

空导弹密度之大已远远超过苏军野战防空标准和莫斯科周围的导弹屏障密度。但是很快以军便从极度的混乱中镇静下来，并组织了有效的反击作战。采取了西守北攻，先北后西的战术，首先设法阻滞了西线埃军的猛烈进攻，下决心抽调大量陆空军兵力在北线向叙利亚军队展开反击，稳定了战局。

10 月 15 日后，以军根据美国侦察卫星提供的情报，派出数百名突击队员组成的装甲特遣队从埃军两军团结合部的间隙偷渡运河，成功地摧毁了埃军的地对空导弹阵地，为以空

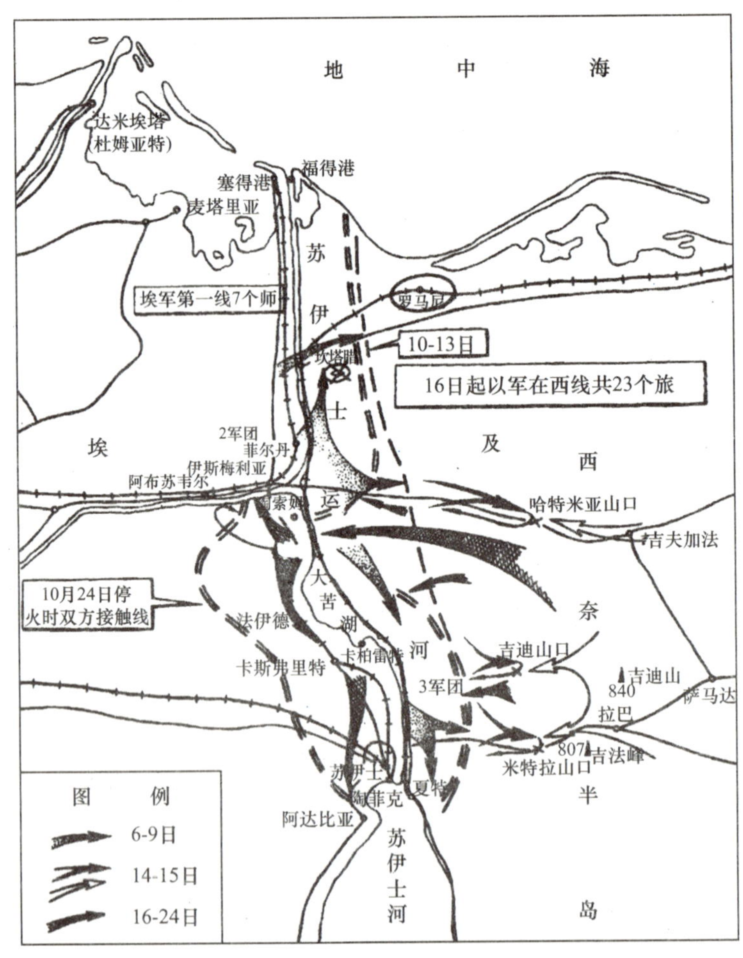

埃、以战线作战经过示意图

军开辟了一条通向埃及纵深的空中走廊。以军飞机开始大规模空袭，突击了阿拉伯国家的机场、导弹阵地、指挥部、装甲坦克部队等重要军事目标。一次大规模的坦克会战就可消灭阿军坦克200余辆，一次空袭就可消灭阿军飞机40～50余架。战争主动权重新落入以军之手。10月24日双方接受停战协议，战争宣告结束。这次战争双方耗资都在50亿美元以上。阿军合计损失人员：死亡8446人，负伤18949人，被俘或失踪8551人；损失坦克2554辆，装甲车850辆，飞机与直升机447架，舰艇15艘；以军损失人员：死亡2838人，负伤8800人，被俘或失踪508人；损失坦克840辆，装甲车400辆，飞机与直升机109架，舰艇1艘。

这次战争，埃叙虽然未能达到预期目的，但打破了以军不可战胜的神话。

远程奔袭——“巴比伦行动”

以色列空军偷袭伊拉克核反应堆的军事行动代号为“巴比伦行动”。1981年6月7日（星期日），以色列出动14架飞机偷袭了伊拉克首都巴格达东南约20多千米的核反应堆，使这个造价4亿美元的设备遭到了彻底的摧毁，从军事角度看，这是一次非常成功的偷袭战例。

1975年以后，伊拉克开始引进核反应堆设备和技术。以色列情报机构分析，至1981年年底便能生产核武器。对此，以色列深感不安。为消除伊拉克对它的核威慑，必须将其彻底摧毁。为实施这次军事行动，以色列进行了周密的计划和严格的训练。最高大本营制定了代号为“巴比伦行动”的计划，抽调了14架当时以军装备的最先进战斗机，计6架F-15和8架F-16。精心挑选了24名一流的飞行员，由参加过1967年、1973年两次阿以战争的一名空军上校担任指挥官，组成行动突击队。为了增强飞行员耐力，进行了长距离极限训练，飞行员在内格夫沙漠地域上空进行难度较大的密集编队训练和长时间超低空飞行，为达到一次命中目标，专门制作了一个与核反应堆比例一模一样的假目标，反复进行模拟轰炸训练，确保突击战斗万无一失。

6月7日下午4时，偷袭飞机从埃齐翁空军基地起飞，编队沿沙特阿拉伯和约旦边境起伏地形作波浪式超低空飞行，使地面雷达难以发现。5时30分，偷袭飞机发现了坐落在巴格达附近的核反应堆，目标三面筑有一道马蹄形土堤坝，四周部署有高炮和地空导弹阵地。进入轰炸航线前，6架F-15跃升进行空中掩护，8架F-16爬高到大约610米高度开始突击目标，投放下来的精确制导炸弹，穿透了混凝土结构的圆形屋顶，其余飞机单机跟进将炸弹投进被炸开的缺口，准确地命中目标。整个突击行动历时仅两分钟，伊拉克核反应堆的圆形屋顶彻底坍塌，中心大楼被夷为平地，工厂厂房成为一片废墟，另外两座辅助建筑物也遭到严重破坏，核反应堆被彻底摧毁。

F-15 战斗机

F-16 战斗机

袭击过程中，目标周围的高炮发射了大量炮弹，但一架飞机也未击中，防空导弹则没有任何反应，巴格达附近的战斗机也没有一架升空拦截作战，以色列机群完成偷袭任务后直线返航安全着陆。此次空袭经过精心策划和准备，保密措施极其严格，计划的知情者仅限于突击编队及指挥人员，对家属和其他军官绝对封锁消息。突击编队也只是提前一天得知具体行动时间。当以色列总理在内阁会议上宣布飞机刚刚起飞正飞往伊拉克轰炸对方的原子反应堆时，内阁成员亦为之震惊。以色列将突击飞机全部涂上迷彩和约旦空军标记，当机群沿沙特、约旦边境飞行时，沙特雷达曾发现并令其通报身份，以色列飞行员即用流利的阿拉伯语回答：“是约旦空军，例行训练。”对方信以为真。当约旦雷达发现以机时，由于机群编队密集，在雷达屏幕上显示的图像只是一个模糊的亮点，很像一架大型的运输机，以飞行员即用国际通用英语回答是“民航机”，再次蒙混过关。为保密，编队与本土指挥部在整个航行中始终保持无线电静默。从而保证了偷袭的完全成功。在攻击目标时，有的飞机俯冲投弹，使炸弹垂直贯穿反应堆主建筑厚达数米的水泥顶层，有的飞机水平投弹，让炸弹斜穿较薄的主建筑墙壁，有的向紧靠建筑物的四周投弹，破坏反应堆的地下部分，由于飞行员轰炸精确，使用的又是威力较大的火箭助推混凝穿破炸弹，因此反应堆的主建筑及设备遭彻底破坏。目睹了现场以色列突击的一位法国专家说：“轰炸的精确度令人目瞪口呆。”有人估计，若要重建这座反应堆，至少需要5年以上的时间。

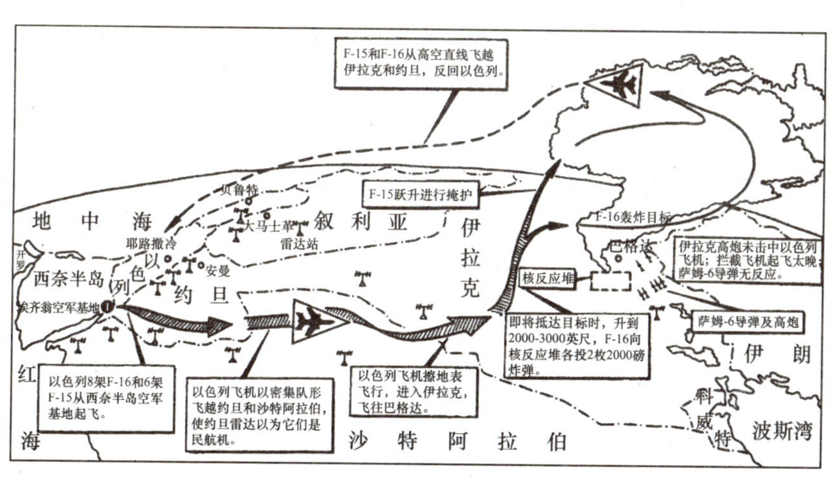

以色列偷袭伊拉克核反应堆示意图

“外科手术式”的空袭作战——“黄金峡谷计划”

美军空袭利比亚的军事行动代号为“黄金峡谷计划”。1986年4月15日凌晨，美军对地处北非的利比亚成功地进行了一次“外科手术式”的空中袭击，整个空袭共持续了18分钟，摧毁了的黎波里、班加西附近的5个军事目标，圆满地完成了任务，实现了预期的作战目的。这次空袭作战，行动之突然、战术之巧妙、组织之严密、效果之理想，令世人瞩目。从此“外科手术式的空中袭击”一词便不胫而走，一时间成为军事家们的口头禅。

F-111 战斗轰炸机

为实施此次作战行动，美军调集了空军、海军中的大量精锐兵力，包括第六舰队的32艘舰船，内有两艘航空母舰所携及海空军飞机共计150余架，美国第六舰队司令凯尔索中将担任战区总指挥。当时的美国空军最高长官、空军参谋长加布里埃尔将军也坐镇英国空军基地。4月14日晚19点左右，美军战术航空兵驻英国空军基地的F-111战斗机分别从英国的拉肯希思、上赫福德、费尔福德和米尔登霍尔等4个空军机场起飞。其中战斗轰炸机24架，电子干扰机6架。战斗机起飞前的23分钟，两天前从美国本土紧急转场至英国的美国

EF-111 电子干扰机

EA-6B 电子战飞机

战略空军的 30 架大型空中加油机已提前起飞，部署在航线上准备为战斗机加油。美军原准备借道法国或西班牙领空飞至地中海，这样单程约为 2400 千米，后因法、西两国未予准许，只得绕道大西洋南下，经直布罗陀海峡进入地中海，这样单程航线要飞 5200 余千米。完成集结，进入攻击后再沿原途返航，往返航程就会达到 11000 余千米。这样的长途奔袭在世界空袭史上实属罕见。美军在往返航线上设立了 6 个空中加油空域。空中加油极其危险，特别是在空袭前进行的 4 次空中加油都是在夜间无线电完全静默条件下实施的。战斗机飞行员只能依靠加油机机腹下的那枚小小的红色信号灯指示一点一点接近加油机，伸出加油管路接通油路，每次每架飞机

A-7 攻击机

F/A-18 战斗攻击机

A-6 攻击机

加油 4 分钟，加油 8 吨。此时飞机还在飞行状态中，要保持高度、速度、航向相互协调，稍微不慎即会双机坠毁。加油完毕，飞向下一个空中加油点。外军报刊事后曾称“美军在此次行动中进行的空中加油是一种令人瞠目结舌的空中芭蕾舞”，此言确实不过分。

4 月 15 日凌晨 1 时，长途奔袭而至的美空军 F-111 战斗机和 EF-111 电子干扰机飞临地中海上空，与先期起飞的近百余架海军航空兵的各类飞机完成空中协调，准备突击。凌晨 1 点 56 分，第一波攻击开始。美国空军的 EF-111 电子干扰机和美国海军的 EA-6B 电子战飞机首先对利比亚海岸附近的岸基雷达、无线电通讯、指挥体系进行了强烈的电子干扰。与此同时，美国海军的 A-7 攻击机和 F/A-18 战斗攻击机对利比亚沿岸的 5 个雷达站和 5 个地对空导弹阵地实施了猛烈的攻击，先挖掉利军的“眼睛”，剪掉利军的“舌头”，为主力部队突击

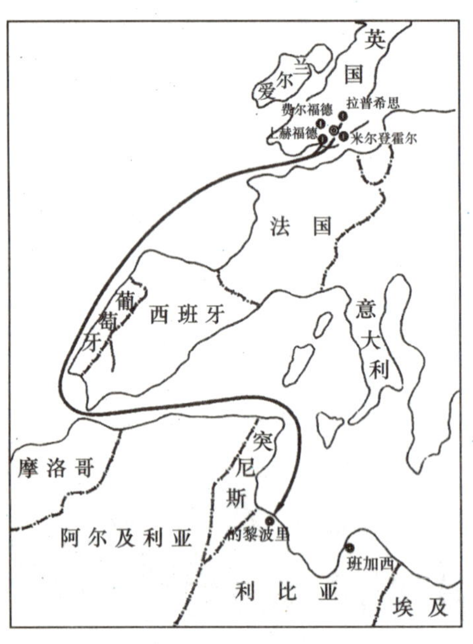

F-111 F 型机空袭航线示意图

创造有利条件。此时利比亚的指挥、控制、通信、情报系统已陷入一片混乱状态，出现了通信中断、雷达迷茫、武器失控、情报闭塞、指挥不灵的局面。凌晨2时整，美空军F-111战斗机和海军A-6攻击机按计划突袭了的黎波里和班加西市的5个重要军事目标，圆满地完成了任务，全部袭击于2时14分结束，共持续18分钟。美军投弹100余吨，摧毁了利比亚5个雷达站、5个地对空导弹阵地和5个预定的大型重要目标。炸死炸伤700余人，其中包括利比亚总统卡扎菲的一个养女被炸死，两个儿子被炸伤，卡扎菲本人也被炸伤。美军一架F-111战斗机被盲目射击的高炮击中，坠毁于地中海，两名飞行员阵亡，其余飞机都按计划安全返回基地或航母着陆。

美军的“黄金峡谷”作战计划，从计划制定、兵力调遣以及完成空袭作战，前前后后只用了5天时间，效率极高。空袭不仅动用空军、海军的兵力兵器数量多、种类多、组织指挥复杂、协调行动难度大，而且又是在漆黑的夜晚大量使用精确制导武器，取得了理想的作战效果，同时也将空中作战的多机种合同作战样式提高到一个新的水平。特别是美国空军F-111战斗机飞行员的长途奔袭达11000余千米，空中飞行13～14个小时，表现了极好的飞行耐力与战斗力。美军空袭利比亚是一次

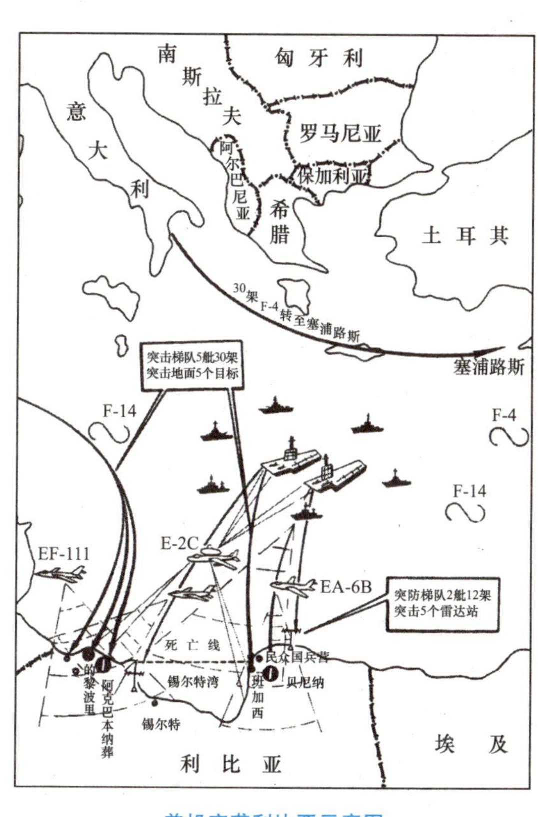

美机突袭利比亚示意图

“外科手术式”的长途奔袭，它的成功不能不使人联想到这种“割上一刀就跑”的军事行动可能会愈演愈烈，应该引起全世界的注意。

“他们打了一场明天的战争”

1982年进行的黎巴嫩战争使电子战产生了新的升华。在这次战争中，以色列空军一举摧毁了叙利亚军队的萨姆-6型地对空导弹阵地，同时在空战中大量击落叙军飞机，取得了空中作战的重大胜利。战前，以空军经过周密的计划与模拟训练，取得了比较成熟的经验。6月9日下午2时12分，出动各型飞机96架，组成多功能综合作战机群，其中有E-2C空中预警指挥机、电子对抗飞机、担任高空掩护的飞机与担负突击的飞机，还有担负侦察与诱骗任务的无人驾驶飞机。

E-2C 空中预警指挥机

以军首先发射了“侦察兵”与“猛犬”两种无人驾驶侦察机，按照一定的间隔，分批飞临叙军部署在贝卡谷地的地对空导弹阵地上空，飞机上主要携带了三种装置：一是遥控电视图像摄像机，它可以将叙军导弹阵地情况及时传输给以军空中指挥预警机和地面指挥所；二是雷达频谱数据接收仪，它可以将叙军导弹制导雷达波瓣参数一一接收到，并准确通报给指挥控制机构；三是大功率的直径为 30 厘米、有效反射

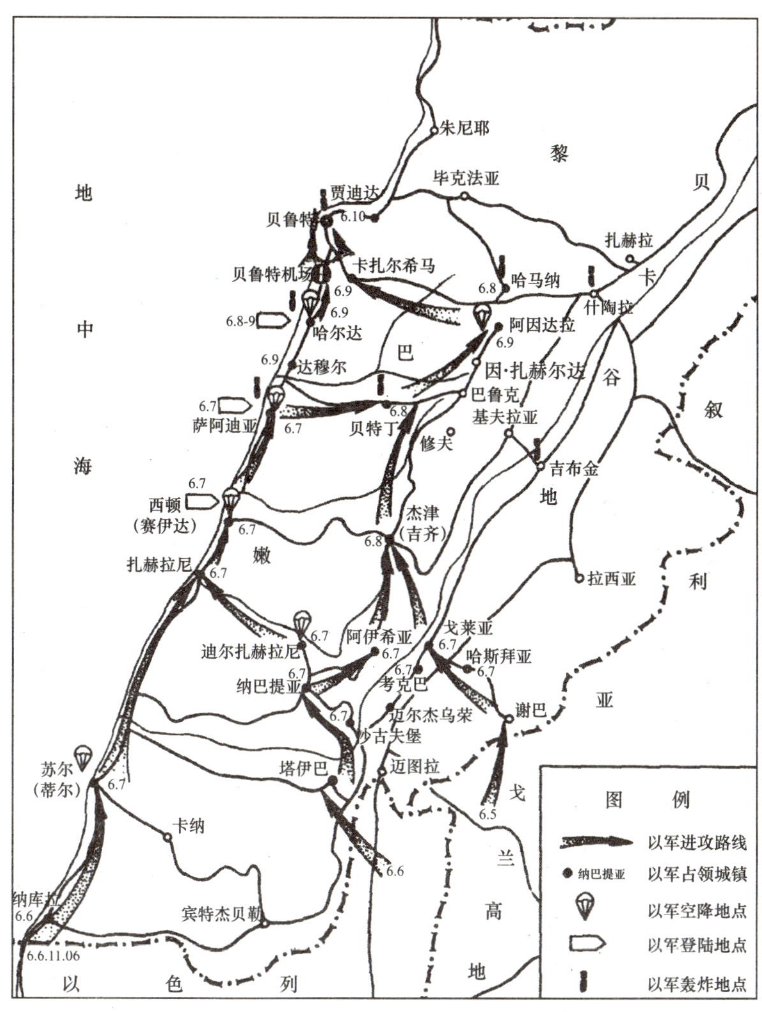

以色列入侵黎巴嫩南部战况图

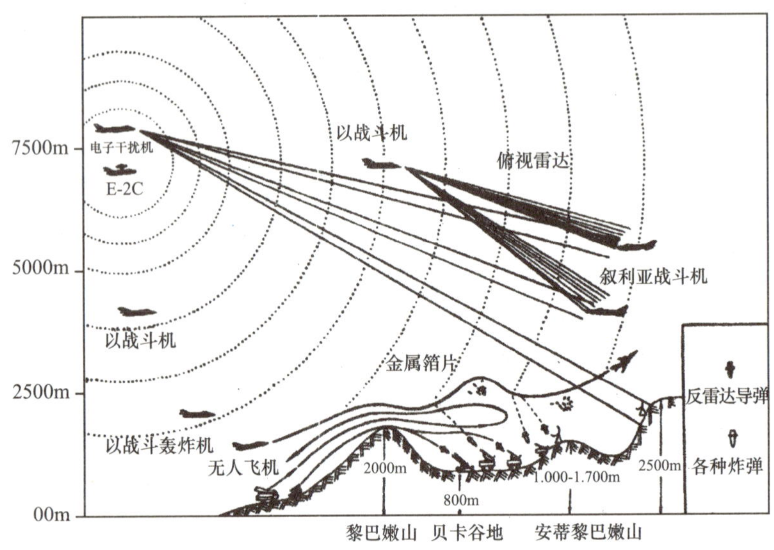

以空军对贝卡谷地叙军地对空导弹攻击示意图

面积为 35 平方米的金属角反射器，这样的角反射器可以使叙军的雷达误认为是大规模的突击机群飞临战区。此项措施果然奏效，当这些无人驾驶飞机飞临叙军导弹阵地上空时，叙军惊慌失措，视假为真，处置失误，命令各导弹制导雷达开机，并仓促发射了一部分导弹。由此所有的雷达参数均被无人驾驶飞机截获并传递给空中指挥预警飞机，预警机立即命令电子干扰机按照这个参数施放强烈干扰，空中待战的突击飞机按照这个参数实施对地攻击，地面的坦克、火炮、地对地战术导弹按照这个参数也实施精确突击。于是担负不同任务的飞机和地面武器在空中指挥预警飞机的统一指挥下，充分发挥各自的能力，在 6 分钟内成功地摧毁了叙军部署在贝卡谷地的 19 个萨姆 -6 地对空导弹阵地，次日，以空军如法炮制，又出动 92 架飞机，继

SAM–6 导弹

续摧毁了叙军于夜间补充部署的 7 个地对空导弹阵地。使叙军新近购置的当时最好的导弹毁于一旦。

空战中，以军破坏和干扰叙军地面指挥所与空中飞行员的通信联络和雷达引导，并以欺骗手法引诱叙机进入以空军的待战空域。两天的作战中叙利亚空军先后出动 62 架和 54 架战斗机迎战以军，但由于以军充分发挥了空中多机种协同作战的优势，取得了举世瞩目的战果。叙军飞机一起飞，以军的空中指挥预警飞机便侦听截获了叙军无线电通信数据，准确地掌握了其起飞架数、批次和航向，通报己方战斗机占据有利待机空域位置。与此同时命令电子干扰机按照截获的无线电参数对叙军的 C3I 系统，指挥、控制、通信、情报系统进行强烈的电子干扰，破坏了叙军地面指挥所与空中及地面部队的联系，迫使叙军飞机在得不到指挥引导的不利情况下投入空战。同时使用战斗机投撒消极干扰物，使叙军机载雷达荧光屏上布满杂波，飞行员只能凭目视搜索敌机，难以

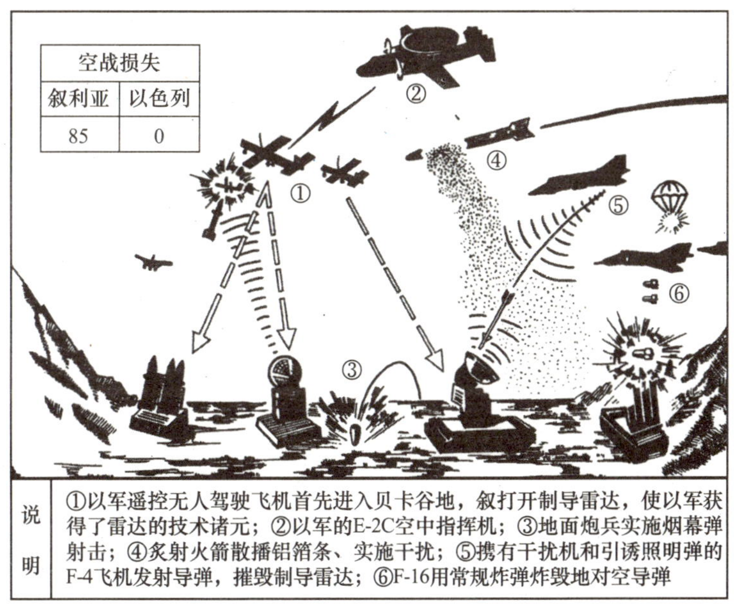

空战损失	
叙利亚	以色列
85	0

说明 ①以军遥控无人驾驶飞机首先进入贝卡谷地，叙打开制导雷达，使以军获得了雷达的技术诸元；②以军的E-2C空中指挥机；③地面炮兵实施烟幕弹射击；④炙射火箭散播铝箔条、实施干扰；⑤携有干扰机和引诱照明弹的F-4飞机发射导弹，摧毁制导雷达；⑥F-16用常规炸弹炸毁地对空导弹

以色列突袭贝卡谷地叙利亚导弹阵地示意图

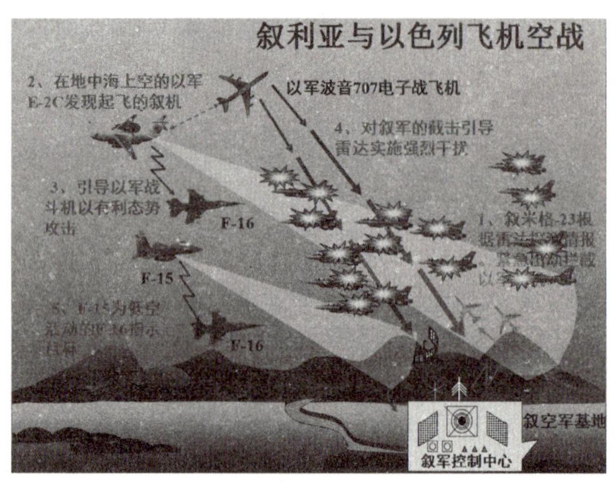

贝卡谷地摧毁叙军地空导弹阵地

远距离发现目标，再加上听不清地面指挥，无法了解空中敌情，使得叙军飞机从空战一开始就陷入了“看不见、听不着、打不准”的被动局面，在两天的空战中，叙军被击落85架飞机，而以军的飞机则无一损失。

1982年在世界范围内打了两场规模较大的局部战争，一场是英阿马岛战争，另一场就是黎巴嫩战争。马岛战争英国人赢了，黎巴嫩战争中以色列人则作了十分精彩的表演。英国退役上将门德尔不无感慨地说：“我们在马尔维纳斯群岛（马岛）打了一场昨天的战争（因为没有使用预警指挥飞机），而以色列人在中东打了一场明天的战争。”

海湾战争

海湾战争是20世纪90年代初在中东地区爆发的一场大规模高技术的局部战争。其影响之大，几乎震撼了世界的每一个角落。

1990年8月2日，伊拉克悍然出动10万大军以突然袭击的方式侵占并吞并了邻国科威特。伊拉克的侵略行径遭到世界绝大多数的国家及人民的谴责和反对。以美国为首的西方国家联合部分发展中国家组成由28个国家参加的多国部队迅速作出反应并开始向海湾地区实施大规模战略机动。在长达5个半月的时间里集中了大量的兵力兵器，于1991年1月17日对伊驻科威特的部队及伊拉克本土发动了大规模的武装进攻。截至1991年2月28日地面作战结束，最终迫使伊军撤出科威特，并接受多国部队提出的一切要求，无条件“停火”。从海湾危机开始直至停火生效共历时约210天。在这场大规模的军事对抗中，双方投入近两百万军队，数千辆坦克和装甲车辆，数千架飞机，使用了当今世界上除核武器之外的几乎所有的最先进的常规武器。此次军事行动牵动国家之众多，动员力量之庞大，使用先进武器之密集，作战手段之丰富，斗争策略之多样，经济代价之惨重，在越南战争结束20多年来均属首屈一指，在第二次世界大战后的46年历史上也属罕见。

最终，海湾战争的硝烟已经散去，但对这场战事的全面研究，还在持续深入展开，以求透过这场“世纪末之战”的刀光剑影捕捉到现代战争发展动态。了解海湾战争的基本情况，对于更深刻地认识和把握现代战争规律，提高全民的国防意识，增强国防实力无疑是很重要的。

A–10攻击机

海湾战争按其时间发展顺序大概可以分为四个阶段：伊拉克武装入侵科威特；多国部队的战略机动；多国部队对伊拉克实施的大规模空中作战；多国部队对伊军实施的大规模地面进攻作战。各阶段军事行动的代号为："科威特行动"；"沙漠盾牌"；"沙漠风暴"；"沙漠军刀"。

海湾战争（一）——"科威特行动"

伊拉克入侵并吞并科威特的军事行动代号为："科威特行动"。

伊拉克入侵科威特作战是海湾危机的起点，是海湾"世纪末大战"的导火索。伊拉克吞并科威特之心早已有之。在"两伊战争"即伊拉克与伊朗的战争结束前后，伊拉克总统萨达姆数次暗示欲以武力占领和瓜分海湾小国科威特的意向，并一直宣称科在历史上是伊拉克的一个省。20 世纪 80 年代末期，伊拉克就秘密制定了一个吞并科威特的秘密行动计划，代号为"科威特行动"。两伊战争结束后，伊军已经能够集中兵力南进，即着手进行入侵科威特的作战准备。

伊拉克位于波斯湾北岸，拥有近 44 万平方千米的国土，1600 万人口和多达 1000 亿桶石油资源，石油储量居世界第二，伊拉克境内有两条古老的贯穿南北的河流，底格里斯河与幼发拉底河，美丽的"天方夜谭"故事就诞生在这里。科威特是伊南部邻国，国土面积为 1.78 万平方千米，人口 190 万，是个典型的"小国寡民"之邦。但是，它拥有 940 亿桶的石油资源，是世界上第四大储油国，年人均国民收入达 1 万 4 千美元，在欧美拥有资产上千亿美元。号称富甲天下。从地理上说，它分居波

地空导弹兵打仗的方法——地空导弹兵战术

地空导弹兵战术就是地空导弹兵进行战斗的原则和方法。地空导弹兵射击方法有分区火力射击和集中火力射击两种。

地空导弹兵战术，是 20 世纪 50 年代随着地空导弹部队建立而产生和发展的。美、英、苏等国军队相继组建了地空导弹部队，主要担负要地防空任务，集中兵力于战略要地和主要作战方向，重点对付高空目标。

斯湾西北角，战略地位非常重要。伊拉克与科威特关系长期不和，对边界划分和部分地域的归属存有争议；对石油售价及对美、苏态度等重大问题上立场各异。伊拉克在两伊战争中欠下外债400亿～500亿美元。其中欠科150亿美元，战后无力偿还，遂生赖账之意，但遭科拒绝．伊拉克恼羞成怒，对科威特的“旧冤新仇”一齐爆发，遂铤而走险，采取了武装入侵。

伊军的作战企图是以优势兵力快速突入科境，抢占战略要地，推翻科政府，使科成为伊的一个省，将其巨大的财富和资源，攫为已有。甚至还振振有词，宣称是“杀富济贫”。伊军共集结了10万军队，350辆坦克，近千辆装甲车，数十架飞机和武装直升机，数十艘舰艇。双方兵力相差悬殊，科军仅有2万人，275辆坦克和数十架作战飞机，而且由于对伊的入侵估计不足，基本上没有进行临战准备。

8月2日凌晨2时，集结在边境一线的伊军突然越过边境向科军发起进攻，首先攻占了科边境地区，随即兵分三路向

C–5 A/B 战略运输机

腹地高速推进，中路沿伊科高速公路南下进插首都科威特城，东路沿科东海岸南进，攻占沿途主要城市、港口和工业设施，切断科出海通道，第三路从海上发起进攻并在科东海岸登陆，配合陆军夹击科军。5 时 40 分，距开战不到 4 小时，伊军先头部队即已突入科威特城市区，抢占电台、电视台，包围王宫，封锁国际机场。科王室和政府要员紧急乘直升机逃到波斯湾中的美军舰船上。上午 9 时，伊军控制了市中心，宣布成立科“临时政府”。11 时，王宫被攻陷，伊拉克仅用 10 个小时便控制了科威特的全境。在整个入侵过程中科军抵抗零星无力。王室成员首先撤逃，瓦解了军民意志。伊军虽然出师不义，但从军事角度认识，其战略指导果断，战术适当，其作战行动体现出准备充分，巧饰意图，精选时机，集中兵力，快速楔入，立体突击等优于科军的作战特点。

海湾战争的导火索已经点燃，海湾战争的序幕已经拉开。伊拉克在众目睽睽之下的武装入侵激怒了全世界。

海湾战争（二）——“沙漠盾牌”

多国部队的战争准备以及向中东地区进行的大规模战略

KC–10 空中加油机

机动等项军事行动的代号为“沙漠盾牌”。

伊拉克入侵科威特事件发生后，美国在海湾的利益受到严重威胁，主动充当了国际反伊阵线的先锋、主力和首领，制定了对伊“政治谴责、外交孤立、经济窒息、军事进逼”，四管齐下的政策。“沙漠盾牌”行动是这一政策的重要环节。它既是一次军事威慑行动，又是一次战争准备行动。8月4日，美国总统布什决定“刻不容缓地采取军事行动，向沙特和海湾地区派兵”行动代号为“沙漠盾牌”。该计划的基本内容是：以空前的速度大规模调兵遣将，向海湾地区派驻美国陆、海、空三军部队，在该地区确立强有力的军事存在和稳固的防御态势。调兵规模初步确定为25万～30万人。美军的使命是：击退伊对沙特可能发动的进攻，实施军事威慑逼伊撤军；为以武力夺取科威特做好准备。计划敲定的次日，即8月5日，美国国防部长切尼飞赴海湾，说服沙特等国接受美军进驻。前期准备完成后，7日凌晨2时，布什正式批准了“沙漠盾牌”行动计划。

从1990年8月7日开始到1991年1月16日为止，“沙漠盾牌”行动共进行了163天。整个过程分成：紧急部署、遏制危机和全面部署、准备战争两个阶段。在第一阶段中主要是完成战略机动。美军此次战略机动具有应急性强、规模大、机动速度快、机动距离远、三军联合出动、各方密切协同和参与力量多等特点。与战后历史上美军的战略机动相比，多项指标都创了纪录。美军的作战飞机和作战舰船充分发挥本身良好的远程机动能力，顺利地完成了展开与集结。空军作战飞机从本土以

空地识别

空中飞机与地面、海上部队相互报知、识别和指示目标的一种活动。是制定协同作战计划的重要内容之一。现用的识别工具和手段有：信号弹、雷达识别器、无线电信标台、曳光炮弹、发烟罐、烟火、彩色灯、探照灯、布板以及飞机作某种机动动作。随着飞机速度增大和地面部队的快速机动，识别工具将逐渐向无线电技术装备和红外仪器等方向发展。

14～18小时的长途飞行到达沙特前沿机场。海、空军的战略运输力量也大量投入使用，共投入战略运输机195架，军事海运舰船60余艘。从1990年8月7日到1991年1月14日，美机共执行战略空运飞行10940次，运送人员达38.54万人，物资31.8吨。海运物资468万吨。空运繁忙时，在沙特30多个主要军用机场上平均每1～3分钟就有一架美军大型运输机在起降。战略机动的实施使多国部队及时在战区集结了一支强大的作战力量。共集结兵力43万人，其中地面部队33.5万人，坦克1500辆；作战飞机1300余架，直升机1500余架；舰船600余艘，包括航空母舰6艘；各种装备物资总重500多万吨

C–17 战略运输机

在实施战略机动的同时，还全面展开了临战准备。美军进驻沙特后，积极展开战地训练和演习，以此来熟悉沙漠战场环境，进入临战状态和威慑伊军。从单一军种到诸军兵种协同作战，从一国到多国联合作战。陆军侧重演练宽正面、大纵深的夜间沙漠突防作战及直升机机降作战；海军和陆战队重点演练两栖登陆作战；空军着重演练在多机种协同作战

条件下夜间的空袭作战。演习的同时，还在海湾战区内部署了从外层空间开始的高、中、低立体预警系统，昼夜不停地、全方位地、多途径地监视伊军动向。直接或间接为战场服务的各国各类卫星达50颗左右。依靠这些卫星可识别地面单辆坦克的类型；可覆盖伊全部无线电频率，能截获雷达、导航设施及无线电通信的讯号，据称伊军战场小分队之间，坦克与坦克之间的无线电通话都可被窃听。美军宣称，如果有一个伊拉克士兵在炮兵阵地旁吃柑橘，那么空中的卫星就可以从5个不同的角度将这个橘子拍摄下来，并每隔三秒钟向国内指挥所发回一帧传真照片。如果有一架伊军飞机起飞，美军立即可截获伊飞行员与地面指挥员通话内容，并将此信息发回美国，通过破译机打印成英文送交长官一阅。一位美军情报军官吹得有点天花乱坠，漫不着边了。他说："伊拉克那边指挥部里有谁进出卫生间，我们这里都清清楚楚。"但是，美军凭借这一严密、庞大的太空监测网，按可行的技术数据将伊军置于监视之下却也是事实。

"沙漠盾牌"行动暴露的问题也不少，如运力不敷需要，部分运输机、船机件老化严重，故障频频发生；相当大一部分预备役人员未能按期应召，训练事故频繁；等等。但是，"沙漠盾牌"行动中总的看来是非常成功的，它体现出的快速反应，以及临战训练、快速部署和及时出色的后勤保障特别注重利用高新技术等方面都给人们留下了深刻印象。对我们设想未来可能发生的战争模式，提供了有益的启示。

海湾战争（三）——"沙漠风暴"

以美国为首的多国部队对伊拉克发动的空中进攻作战行动代号为"沙漠风暴"。

1991年1月17日凌晨2时35分（巴格达时间），多国部队投射的第一批导弹和炸弹在美丽的"天方夜谭"的故乡，

E–3A/B 空中预警指挥机

巴格达市区炸响了。至 2 月 24 日 4 时，交战双方在伊科全境集中兵力进行空袭与反空袭作战，历时 38 天的空中作战在世界作战史中实属罕见。多国部队的战役企图是：①“以炸迫退”，力争以空中战役直接达成逼伊撤军的战略目标；②削弱伊军事潜力，最大限度地摧毁伊军事机器的战略目标；③“准备战场”，最大限度削弱战场伊军实力，为地面进攻作战准备条件。凌晨，多国部队以空袭揭开了对伊作战的帷幕，10 个国家参加了空袭作战行动，平均每天出动 2500 架次，连续 38 天对伊、科全境数百个目标实施猛烈袭击。在前两周的空袭中，多国部队选定了伊拉克 80 个具有战略意义的目标进行突击。由于天气状况不佳，浓雾遮盖了目标，虽然开始突击效果“不太理想”，但由于反复轰炸，仍给伊军以沉重打击。据美军反应，伊军 26 个地区指挥机构遭打击，其中 60% 严重被毁，大部分生化武器研制生产和全部 30 座“飞毛腿”导弹固定发射场被毁，近 40 个机场设施及跑道遭到严重毁坏，200

余部制导、警戒雷达被炸毁，多国部队取得了空中优势。与此同时，伊拉克的御林军“共和国卫队”师的阵地也遭受到无与伦比的猛烈轰炸，巴格达市区的通信大楼、国防部大楼、总统府大楼、空军司令部大楼等战略指挥机构也被摧毁。从停泊在阿拉伯湾上的两艘美国军舰上发射的240余枚“战斧式”巡航导弹飞越了近1000千米的航程，铺天盖地地落在了重要目标区上。一位目睹空袭的记者用他的笔道出了当时情景。“这是‘战斧式’巡航导弹在战争中第一次使用，一座15层高的大楼从楼顶像纸牌一样塌叠到底层，只剩下四周的金属框架。”“巡航导弹在高楼丛中迂回穿行直取目标，一枚巡航导弹像手术刀一样将巴格达通信大厦顶部的塔楼拦腰切断，其状恐怖。”“在对巴格达防空司令部进行的袭击中，F-117A发射的一枚导弹打入司令部房顶通气道中，接着浓烟从这座大楼的四周滚滚涌出。空袭中，飞机的突击也相当准确。一架F-111飞机把一枚制导炸弹投到机场跑道中心，霎时一股浓烟腾空而起。另一次是对飞毛腿导弹储存库进行的攻击，飞机对准这座碗形钢筋水泥设施的大门，几秒钟后，两枚2000

F-117A 隐形战斗轰炸机

磅重的制导导弹划破夜空，从天而降，直打到大门中去。”据外军资料，美军发射的一种“斯拉姆”机载空对地导弹可以依次发射两枚，第一枚在工厂的院墙上打一个洞，第二枚从这个洞中穿入内部炸毁目标。可见其高技术武器之精确。在后续的空袭作战中，重点是伊军交通运输系统，战场有生力量、防御设施等等。在秀美的底格里斯河与幼发拉底河上有52座重要的桥梁，沟通着伊从北至南的联系和补给，在多国部队的猛烈空袭下，42座桥梁被彻底炸毁，剩余的10座也是千疮百孔，摇摇欲坠。由于交通线被切断，后方作战物资、弹药给养等根本无法及时补给到南部战线，前方的伤员和需后撤的部队也未能及时撤回，到战争中后期时，伊军驻科境内部队和伊南部作战部队根本得不到起码的给养，士兵是在饿着肚子打仗，战斗力可想而知。伊军南部主力部队由于交通线被切断，陷入多国部队大规模合围之中，根本无法撤逃。大量被歼灭。美军对战场内的各类战术目标也都进行了突击，伊拉克的“飞毛腿”导弹机动发射架、发电厂、炼油厂、储油设施、机场和战场上的重要目标等都遭到了猛烈轰炸。

封闭管理——空中封锁区

空中封锁区的建立是在第一次世界大战期间开始的，交战国使用飞机在一定的海域进行布雷，形成海上封锁区。第二次世界大战中，空中封锁作战广泛运用，空中封锁区的范围不断扩大。战后，随着作战飞机和机载武器性能的提高，空中封锁作战已成为重要的作战样式之一，空中封锁区的划定更灵活、更有针对性。

参加“沙漠风暴”空中进攻作战的有10个国家，即“美国、英国、法国、意大利、加拿大、沙特、科威特、卡塔尔、巴林和阿联酋。6个兵种，即：战略航空兵、战术航空兵、舰载航空兵、陆战队航空兵、特种部队航空兵、舰载巡航导弹部队以及20个机种，30余个机型，共两千余架飞机，几乎包括了西方国家拥有的所有类型的作战飞机。在持续38天的空袭中，共出动近11万架次，投弹近14万吨，平均每天出动

2500余架次，使伊军遭到毁灭性的打击，伊共有550余个大中型军事目标被炸毁，有生力量已不能主宰战场，奄奄一息地等待着“沙漠军刀”的宰割。

海湾战争（四）——“沙漠军刀”

多国部队对伊拉克发动的地面进攻作战，代号为：“沙漠军刀”。

继“沙漠风暴”猛烈空袭作战之后，多国部队乘胜进击，于2月24日发起了地面进攻作战，参战兵力共约55万人，其中美军35万人，坦克4000余辆，直升机约2000余架。至28日停火止，为期4天。其战果卓著，重创和歼灭伊军41个师，俘虏近18万人，估计伊军伤亡8.5万～10万人，击毁伊坦克1800辆，装甲车1200辆，飞机和直升机百余架，将伊军赶出科威特。多国部队损失寥寥，共计阵亡126人，其中美军79人，受伤213人。是迄今为止，世界较大规模的局部战争史中，地面作战持续时间最短，人员伤亡最少的战争。

“沙漠军刀”的战役企图是：利用空袭作战效果以大规模登陆佯动和部分兵力从科沙边境正面突破并向科威特及伊军以北地区推进，集中装甲部队和空降机降部队从伊军防御侧翼实施大纵深迂回，夹击伊军，包围并歼灭其主力，收复科威特。

地面进攻从2月24日凌晨4时发起，多国部队在大规模空袭之后对溃败的伊军展开了最后的搏击，此时的伊军损失近半，已是困兽犹斗了。多国部队的装甲突击集群向伊军“萨达姆防线”全长约265千米的正面发起大规模进攻。东线部队在短短数小时内即突破伊军防线并前出至伊纵深55千米处。西线部队越过沙伊边境，直插纵深160千米。中路101空中突击师出动约300架直升机从13个基地起飞，分6路在伊境内纵深80千米处机降，建立敌后进攻基地。在两翼迅猛进攻的同时，中路主要突击集群也突入伊境约30千米，多国部队空军当日出动3000余架次进行空中支援和掩护。伊军一线部队未作像样的抵抗，四下溃散。战斗打响之后10小时，多国部队即俘虏伊军5500余人。25、26日，突入伊、科境内的多国部队各集团转入机动作战，分别向各自的指定位置快速推进。东线，美陆战1、2师向北挺进，陆续进抵科威特城外围。中路，英军装1师向东北方向发展进攻，在美空中支援下歼灭伊第12坦克师。美军3个装甲师齐头并进，先佯动向北，后突然调头向东，逼近伊共和国卫队翼侧，在武装直升机配合下消灭其大部。西线，法军在美101空中突击师百余架直升机的机动作战配合下，进入伊境内209千米。伊军大批部队、车辆涌上公路向北撤退，结果招致多国部队飞机持续不断的轰炸，死伤惨重。飞行员反应，公路上被炸坏的车辆，每隔50米就是一堆，排出几十千米长。此时，伊军已有21个师丧失了战斗力，被俘3万人，剩余部队被切割成数块，等待他们的将是全部被歼的命运。27日，美、英军装甲部队在巴士拉以南80千米处与伊精锐部队进行坦克激战，结果伊军250辆坦克全部被歼。至此，多国部队已占领科威特并于次日5时宣布战役胜利结束，中止进攻性军事行动。据多国部队宣布，在4天共100小时的地面战役中，共歼灭、击溃伊军40个师、毙伤约10万人，俘虏6.3万人，缴获轻重武器不计其数。

海湾战争是一场特色鲜明、情况复杂的战争，交战双方的作战活动十分丰富，作战资料浩若瀚海，在波澜壮阔的战争史中，无疑又是添上了最精彩的一笔。

海湾战争是一场在特殊条件下进行的特殊战争，这一点决定了它所反映出来的一些问题不可避免地带有一定的局限性。海湾战争是在综合战争实力对比极度有利于美国，不利于伊拉克的条件下进行的。美国自始至终占据着政治、经济、外交、军事以及国际环境等方面的绝对优势。美国之所以能从容自如地行兵布阵、挥师克敌，与这些有利条件密切相关。美国人自己也很清楚在今后的冲突中，如此有利的条件，如此无能的对手，如此辉煌的胜利，可能是空前绝后的，很难再次出现，在这种条件下的成功经验，不会具有普遍的应用价值。从战争实施的过程上来看，这场战争的对抗强度低得惊人。历史上从来没有过几十个大国、小国、强国联合起来，携手并肩地去打击一个小国、弱国。战争已经不是对手之间力量的较量了，而变成了破坏力与承受力的较量。西方一些军事评论家评论道："从军事角度看，这是一场特殊的战争，历史上没有先例。其特殊之处在于，这实际上是一场单方面的战争。战争的一方的确打了胜仗，而另一方却只是被动挨打。实际上，这是一场称不上战争的战争。"美国新闻界认为，"这可能是历史上最一边倒的战争。"实际情况确实如此，美军及多国部队的全部备战、作战活动均未受到对手强有力的抗击和干扰。战争，就其军事本质而言，是一种对抗性活

A-7 舰载攻击机

动。在缺少对抗条件下实施的作战，自然不可能充分展示战争规律的全部内涵。这一点，毋庸赘言。我们在考察海湾战争时，切不可忽视这一限定性。虽然如此，海湾战争毕竟是战后大规模高技术条件下的局部战争，毕竟是使用了世界上几乎所有种类的先进常规武器，毕竟可以称之为战后西方最新作战理论和武器装备最高水准的实战。凡此种种，对于了解现代战争规律，把握高技术局部战争的运动脉搏还是有所裨益的。

“沙漠之狐”——美军再次空袭伊拉克

1998年月12月17—20日，美英空军对伊拉克实施了代号为“沙漠之狐”的空中打击行动。此次空中打击历时70余小时，是海湾战争后美军对伊拉克采取的又一次大规模空袭行动。

在此次军事打击中，美、英军队共对伊实施了四波、多轮次的空袭。第一波空袭于巴格达时间17日0时45分开始实施，主要以舰载巡航导弹攻击为主，共发射巡航导弹约200枚，袭击了50余个军事目标，包括伊防空系统、C^3I设施、交通、通信枢纽、可疑的大规模杀伤性武器生产和储存设施等，其中有十几处伊总统住所。第二波空袭于17日22时开始进行。以巡航导弹和飞机相结合实施袭击，除对第一波已袭击过的部分军事目标进行再次打击外，主要攻击伊共和国卫队以及伊军事工业公司等。此波空袭美英又发射了近200枚巡航导弹，并出动B-1B、B-52H战略轰炸机逾200架次。第三波空袭从18日20时50分开始，以飞机轰炸为主，巡航导弹攻击为辅，打击目标由军事目标扩大为政治、经济目标，如伊拉克电视台、油田等。第四波空袭于19日18时40分开始，方式以飞机轰炸为主，继续对伊境内重要目标实施打击。在“沙漠之狐”行动中，美英共出动B-1B、B-52H、战略轰炸机和 F-117A、F/A-18 和“狂风”战斗轰炸机等各型战机 650 架次，其中 B-1B 战略轰炸机系首次实战使用。从舰艇和空中共发射巡航导弹 415 枚，其中“战斧”式巡航导弹 325 枚，空射巡航导弹 90 枚，对伊全境共七类 100 个军事、政治、经济、交通和通信目标进行了打击，彻底摧毁和重创的 43 个，中度和轻度毁损的 44 个，毁伤率为 87%，摧毁重创率为 43%。美英此次对伊军事打击共动用了包括“企业”号和“卡尔文森”号两艘航母在内的各型舰艇 26 艘（内有英舰 3 艘）作战飞机 280 余架（内有英机 22 架），作战人员 25000 人（内有英军 1000 人），虽然此次投入的兵力远不如海湾战争，但多波次、多轮次的打击强度可与海湾战争相比拟，而其中导弹攻击的规模与激烈程度已超过海湾战争。美军为此次行动至少花费 5 亿美元。

B-1B 战略轰炸机

“联盟力量”——科索沃征战中的空袭作战

1999 年所进行的科索沃战争中，美国及北约盟国对南联盟进行的空袭作战行动代号为“联盟力量”。1999 年 3 月 24 日晚 19 时 50 分，第一枚“战斧”式巡航导弹从部署在亚得里亚海上的“冈萨雷斯”号驱逐舰上发射升空，从而拉开了在美国主导下的北约空袭南联盟的“联盟力量”空袭作战行动。科索沃战争历时 78 天，空袭作战可分为四个阶段。第一阶段从 3 月 24 日北约发动首轮空袭至 3 月 27 日北约完全夺

B–52H 战略轰炸机

取制空权止，历时 4 天。这一阶段，北约重点打击南军防空系统、空军基地、指挥控制中心和通信中心，以夺取制空权和削弱整个南军指挥控制系统。南军实施全国紧急动员，奋起抗战。在第一阶段进行的 4 轮空袭中，北约共出动飞机

1300架次，发射巡航导弹400余枚，使用精确制导武器高达98%，基本上夺取了战场制空权，但并未完全达到作战目的。南军防空设施虽受到严重破坏，但指挥系统仍在运转，南军通过机动防空等方式保存着有生力量。3月27日南军使用萨姆-3防空导弹击落一架美军最先进的F-117A隐形战斗轰炸机，这是该型号飞机自问世以来首次被击落，极大地鼓舞了南军民的士气。当时兴高采烈的南联盟老百姓在F-117飞机残骸上跳舞并幽默地说："对不起！我们不知道你是隐形的！"但由于双方力量相差悬殊，南军飞机在空战中损失严重。

第二阶段的空袭自3月28日起至4月4日止，共历时8天。此阶段北约作战任务的重点是打击南军防空系统和其他军事目标，特别是科索沃及其附近地区的南军警部队，削弱南军作战能力，同时开始打击南联盟各类基础设施。南军适时地调整作战方针，坚持持久作战。在第二阶段作战中，北约虽给南联盟造成巨大损失，但仍未达成预定的作战目的。且被迫向战区增派兵力，其中包括一个航母编队和B-1B战略轰炸机在内的130多架作战飞机。

被南联盟击落的F-117A隐形飞机的残骸

第三阶段的作战从4月5日起至5月27日止，历时53天。这一阶段北约重点打击的目标有四类：一是南军的指挥控制系统、雷达站、导弹阵地、机场等防空体系；二是南军的军事基地、有生力量、坦克、火炮、装甲车辆等重武器及运输装备等；三是南联盟的通信系统、重要的交通干线、枢纽及重要的工业基地、基础设施、生产设备；四是国家的内务部、国防部、空军防空司令部、总统官邸等重要机构。

这一阶段的空袭特点突出，一是持续时间长。历时 53 天的空袭中每天基本是 24 小时不间断的轰炸。二是空袭范围广，打击目标逐步扩大到民用目标，5 月 7 日晚，竟然袭击了中国大使馆，致使 3 人死亡，20 余人受伤，制造了一起震惊世界的血案。三是作战手段多样，既有空中打击，又有特种作战；既有远程突击，又有临空轰炸；既有精确打击，又有隐形空袭；既有常规弹药打击；又有特种弹药打击。四是打击强度高，每天出动各型飞机数百架，并且使用了贫铀弹、集束炸弹和石墨炸弹等特种弹药。

第四阶段空袭作战是从 5 月 28 日开始至 6 月 10 日止，历时 14 天。这一阶段北约继续保持强大的空中压力，最大限度地削弱南联盟的作战实力与战争潜力，南联盟难以继续抗战，决定有条件地接受和谈。整个战争期间，北约在 50 余颗卫星的支援下，先后动用了舰艇 55 艘，各型飞机 1200 架（其中美国投入 940 架），出动飞机 38000 余架次，发射各型导弹和炸弹 23000 余枚，对南联盟全境 40 余个城市的 496 个军事和民用目标及 520 个战术目标进行了持续猛烈的轰炸，给南联盟造成惨重的损失。6 月 10 日战争结束。

第二次世界大战中的外国名将撷英

战争是政治的集中表现。战争的胜负，最根本的决定于战争的性质，人心的向背。但是在战场上，军事思想，战略战术，兵力对比，装备好坏，天时地利，指挥强弱等等诸多因素，都对战争的进程和战役战斗的结果产生重大的影响。其中，尤以指挥官的指挥能力影响极大。我们中国有句俗语："兵熊熊一个，将熊熊一窝"。这在一定程度上反映了战争的实际。世界军事史上这样的例子不胜枚举。难怪拿破仑宣称：我宁愿要一头狮子统帅的一群绵羊，也不要一只绵羊统帅的一群狮子！

我们在这里，仅仅简单介绍第二次世界大战中的几位外国名将的某些奇闻轶事，虽然难免挂一漏万，以偏概全，但也可以帮助青年朋友们浅窥现代战争中军事指挥艺术之一斑。

至于我们中国历代战争史上的名将，特别是中国革命战争史上的名将，真可谓群星灿烂，熠熠生辉。介绍他们的事迹，是另一系列专门著作的任务，这里就不赘述了。

"血胆将军"巴顿

1945 年 12 月，在卢森堡大公国首都哈姆美军公墓上，成千上万的人淌着热泪，唱着赞美诗，为一位伟大的军人送行，他将和美国第三集团军在第二次世界大战中阵亡的 6000 名将士一起，长眠在他曾为之英勇奋战的欧洲大地上。上帝仿佛也在向他致敬，浓雾弥漫，细雨蒙蒙。他，就是第二次世界大战中的美国名将，在北非和欧洲战场上屡建奇功，令法西斯闻风丧胆的四星上将巴顿将军。

乔治·小史密斯·巴顿，1885 年生于美国加州的圣加夫列尔。他的曾祖父是一位准将，祖父是上校，父亲是弗吉尼亚军事学院毕业的一位爵士。巴顿 18 岁入弗吉尼亚军事学院，后考入著名的西点军校。第一次世界大战时，曾任美国远征军总司令潘兴的上尉副官。第二次世界大战时，历任师长、军长、集团军司令。巴顿是个颇具传奇性的人物，有不少极具个性的小故事，长期在士兵当中传颂着。

留过级的优秀毕业生

巴顿从小就争强好胜，敢作敢为。军人世家的耳濡目染，使他把当一名优秀的军人作为自己追求的唯一目标。考入西点军校，使他跨出了实现自己追求的第一步。

西点军校的学制是四年。一入校，年轻的巴顿就雄心勃勃地给自己规定：①在队列训练中夺冠；②在田径赛上打破校纪录；③四年级时升为学员副官。

队列训练在总成绩中只占 15 分。但巴顿认为队列训练是关系到一名合格军官的形象和尊严，所以特别重视。在军校，队列训练每星期只进行一次，可是巴顿从头一个星期的星期天下午就开始苦练，等到星期六时，他的动作标准洒脱。简直可以说是完美无缺。结果，第一学年结束时。巴顿的队列考试拿了个全校第二名，实现了他的第一项计划。可是，尴尬的事情发生了：他

巴顿

的数学考试成绩倒数第一。巴顿留了级。

巴顿并没有伤心退却，他继续为实现自己的三项计划而努力。除了队列训练之外，他把自己的精力集中在军事史、战略战术的钻研之中，如饥似渴，如醉如痴。巴顿的一位军校同学回忆说，在军校“巴顿的衣食住行全部是军事化的，我甚至可以说，连他的爱情都完全是军事化的”。

1909年6月，巴顿以优异的成绩从军校毕业了。队列训练成绩第一，刷新五项校田径纪录，升任学员副官。在毕业典礼上，身着副官服的巴顿昂首阔步，精神抖擞，以标准的军人姿态，从美国副总统塔夫脱的手中接过那面缀有长长金穗的军旗，骄傲地站到毕业学员阅兵方队的前面，通过了检阅台。

美国的“首席战车专家”

战车，被称为“陆战之王”。

世界上的第一辆坦克，是英国人在1915年发明的。这辆坦克外表看来像个四四方方的大铁盒子，十分笨重，速度还不到每小时6千米。难怪当时的英国国防大臣给它下了这样的评语：“这只是些可爱的机械玩具，不能靠它赢得战争。”

美国更滞后一些，1917年才开始生产战车，有的仿照英国坦克，有的仿照法国坦克。这时，由于战车在战争中的强大威力还未能充分显示出来，所以不少人对它还抱怀疑态度。而巴顿将军却以军事家的敏锐眼光，看到了战车的远大前景，主动选择了这一新的兵种，参与组建了美军第一个坦克装甲旅的工作，并积极研究坦克的战术。1941年巴顿晋升为美军第二装甲师少将师长，1942年又荣任第一装甲军的军长，被人们称为美国的“首席战车专家”。

1940年，巴顿奉命到本宁堡地区组建装甲部队。那里的坦克由于种种原因破旧不堪，喷漆脱落，机件残缺，根本不能使用。巴顿下令迅速修复，并亲自监督执行。一天，机械师向巴顿报告："没有零件了，上级的供应还不知什么时候能来。"巴顿十分着急。他知道，等着上面那些官僚来解决问题，是没有希望的。好在他熟悉坦克生产的一切情况，就亲自跑到生产坦克零件的西尔斯和罗巴克去订货，并自己掏腰包付了款。350辆坦克很快全部修复了，焕然一新，威风凛凛地排放在停车场上。巴顿到底花了多少钱谁也不知道，只知道他第一次去订货就用去800美元。

铁腕治军

1942年，美国第二军在北非战场上，被德国的隆美尔打败，一气倒退50千米，士气低落，纪律涣散，作风松弛，混乱不堪。巴顿临危受命，担任了第2军的新任指挥官。

1943年3月6日巴顿上任。这位58岁的将军头戴亮闪闪的钢盔，带子系在下巴上，上身是配有纽扣的战斗夹克服，下身是笔挺的呢料马裤，腰系一根雕花皮带，两边各挂一支特大号左轮手枪，脚蹬一双擦得锃亮的深筒马靴，威风凛凛地站在一辆装甲车上，开进了设于突尼斯库伊夫山美军第二军司令部。他这身耀眼的军装，端庄严肃的仪表，和第二军一些士兵蓬头垢面、胡子拉碴、不戴头盔、不扎绑腿的窝囊样子，成了鲜明的对照。巴顿对此当然不能容忍，他发出严令：全军官兵必须在7：30分前吃完早饭，不允许任何人迟到；有胡子的人必须每天刮脸；任何人任何时候都必须戴钢盔扎绑腿打领带。谁若违犯，或罚款，或送军事法庭！巴顿对属下说："你们记住，稀拉兵打不了胜仗。纪律可以在人的心中建起各种勇气，纪律是士兵们发挥最大战斗潜能的关键，假如你们不执行和不维护纪律，那就是潜在的杀人犯！"巴顿不但说，而且亲自下部队检查执行情况，四下搜寻那些不执行命令的人，连厕所都不放过。巴顿的严格要求，使那些散漫惯了的官兵怨声载道，叫苦不迭。但又不敢不执行，因为，巴顿对违犯者的严厉惩罚，震慑住了他们。

一周之后，奇迹出现了。萎靡不振的第二军的面貌焕然一新，迅速恢复了纪律，由于作战失利而罩在头上的阴影，被振奋起来的精神一扫而光。这支部队在以后的战斗中，给了隆美尔以沉重打击，立下了不少战功。

巴顿用严格的治军，恢复了部队的战斗力，也征服了士兵的心。巴顿常常自豪地说："我是巴顿。我所统率的这支军队，是所有军队中最神气的军队，我是最神气的将军！"

屡建奇功又常惹麻烦

巴顿在北非重创隆美尔，出尽了风头。盟军统帅部又命他转战欧洲战场。1943 年夏，巴顿率军参加了西西里岛登陆战役，令他感到非常自豪的是，他的部队比英国蒙哥马利指挥的部队领先一步，第一个胜利登上了滩头阵地。随即又向德国守军发起猛烈攻击。迅速攻占巴勒莫，首先攻入墨西拿。西西里的胜利，使美军进一步增强了必胜信心和自豪感，也使巴顿将军的名声大振。诺曼底登陆战役之后，巴顿审时度势，主动拟定了一个放弃东进，转向德军翼侧进攻的计划，并指挥美军第三集团军采取了行动。1944 年 12 月 19 日，盟军统帅艾森豪威尔召集会议，调整战斗部署。艾问巴顿："你的部队何时可以对德军发动进攻？"巴顿答："22 日早晨！"这使盟军各路指挥官大吃一惊，连艾森豪威尔也说："你别胡闹。"因为要把巴顿指挥的第三集团军掉头 90° 奔赴 160 多千米以外的预定地区，3 天是无

制空权

交战的一方在一定的时间内对一定空间的控制权。掌握了制空权，可以保障陆海空军部队不受敌航空兵或地面对空兵器的严重威胁。夺取制空权主要由航空兵、高射炮兵、地空导弹兵通过消灭空中和地面的敌机，摧毁和压制敌防空兵器，破坏基地设施等来达成，陆海空军其他部队也直接或间接参加夺取制空权的斗争。

论如何也办不到的。巴顿得意地说："这不是胡闹，我已经做好了安排。"巴顿果然如期发动了进攻。德军根本想不到盟军行动这么快，来不及组织有效的抵抗，被迫后撤。巴顿乘胜追击，向莱茵河畔的科布伦茨和美因兹勇猛攻击。很快突破了德军的齐格菲防线，歼灭德军2个集团军的大部，强行渡过了莱茵河。巴顿高兴地大喊："要让全世界知道，第三集团军在蒙哥马利之前渡过了莱茵河。"

巴顿将军在北非和欧洲战场上立下了赫赫战功，威震敌胆，被誉为"血胆将军"。

但是，巴顿也常常引起一些麻烦。

1943年8月10日下午，巴顿走进野战医院，去探望伤病员。他询问了每个人负伤的情况，赞扬了他们的英勇作战行为，并祝愿他们早日康复。在他正要离开医院时，他的眼神落到了一个小伙子身上。这个小伙子正蹲坐在一个箱子上面瑟瑟发抖，他身上没缠任何绷带，巴顿问他怎么了？这个年轻的士兵说："我神经紧张，我想我是受不了了。"并且开始抽泣。将军顿时勃然大怒，骂他是"胆小鬼"、"狗杂种"，并狠狠地给了这名士兵一个响亮的耳光。此事被渲染后在美国国内舆论引起了强烈的不满，纷纷要求解除巴顿的职务。盟军总司令艾森豪威尔受到了很大压力，为了挽回影响，保住巴顿，命令他向被打的士兵、医护人员和全体部队道歉。巴顿十分不情愿地执行了命令。

出语惊人断送前程

巴顿口才很好，讲话极富鼓动性。但他的个性太突出，有时出言无忌，惹来了麻烦。

巴顿率军突破莱茵河后，继续挺进，5天挺进120多千米，粉碎了德军重组防线的企图。1945年4月14日，巴顿应邀参加莱茵河通车典礼。可能是要他剪彩吧，一位漂亮的女郎给他送上了一把剪刀。这位众人敬仰的将军竟断然拒绝："他妈的，你把我当什么人了，裁缝师傅吗？给我拿把刺刀来！”弄得典礼的主持人和诸位贵宾惊愕不已，下不来台。

此前不久，即1945年3月22日，巴顿代表盟军和苏军朱可夫元帅的部队，在易北河会师。此时，巴顿已晋升为四星上将，他得意忘形，竟然在一次记者招待会上公然宣称：纳粹党和美国的共和党、民主党并无多大区别！此言一出，语惊四座，并很快在美国国会引起轩然大波，对巴顿进行了猛烈的抨击。艾森豪威尔不得不免去巴顿的职务，调他到一个有名无实的第15集团军任司令，主要任务是研究和撰写战史。

“阿拉曼子爵”蒙哥马利

1941年2月，希特勒把隆美尔派到北非战场。隆美尔以闪击战法，屡败英军。到1941年4月将战线推至距亚历山大港100千米的阿拉曼地区，使英国在北非战场的战果丧失殆尽。8月，丘吉尔撤了英军第八集团军指挥官奥金克来的职，令戈特去接任。不料戈特在赴开罗途中，所乘专机被德军击落。机毁人亡。丘吉尔急令蒙哥马利去北非接掌第八集团军的指挥权。这次偶然的机会，成了蒙哥马利军事生涯中的转折点。丘吉尔慧眼识英雄，正是他的这项任命，扭转了英军在北非屡战屡败的局面。

隆美尔

8月15日，蒙哥马利接任第8集团军司令，他面对的是混乱不堪的部队和低落的士气，指挥部内正忙着焚烧档案，准备撤退。蒙哥马利一到，立即取消了所有有关撤退准备的命令。他在作战会议上坚定地说：“无论发生任何情况，不允许从阿拉曼战线后撤。”蒙哥马利随即改组司令部，组建装甲军，整顿部队纪律，解除了一批意志薄弱的军官的职务。与此同时，蒙哥马利抓紧了解情况，他研究分析了英军前段作战的失利，发现隆美尔确实狡猾，他的惯用战法是诱惑英军的装甲部队先去攻击，而将德军的装甲部队，部署在一道战防炮掩护幕的后面，利用火炮先击毁英军战车，再以其精锐的装甲部队发动猛攻，消灭英军。蒙哥马利一反英军以往战役战术，采取以逸待劳的办法，先令部队进行防御战，迟滞和消灭敌人的有生力量。待德军装甲部队出击时，以炮火和空军打击敌人，然后伺机反攻。

蒙哥马利的战术，取得了很好的效果，迅速稳定了北非战场的被动局面，使隆美尔的闪击战受到阻碍，争取了极为宝贵的时间。

自第二次世界大战开战以来，英国受到了一连串的打击。在敦刻尔克，虽然打破了希特勒全歼英军的企图，但终究那是一次大溃败，大撤退；不列颠大空战，英国虽然成功地顶住了德国法西斯的大规模空袭，但那终究只是招架之功而无还手之力；在北非战场，英军也被隆美尔打得节节败退。蒙哥马利防御战术的初步成功，使丘吉尔看到了希望，他多次催促蒙哥马利尽快发起进攻。英国太需要打一个胜仗来鼓舞民众了。此时，蒙哥马利显出了他作为一个天才军事家的胆略，顶住各方面的压力，坚决不打无准备、无把握之仗。他用了近两个月的时间，继续抓紧整顿部队，精心制订作战计划，调整部署，补充兵员，准备战场，并亲自策划组织了一系列欺骗伪装措施迷惑敌人，使隆美尔的判断发生错误。

蒙哥马利

反攻的时刻终于到来了。10 月 23 日夜，阿拉曼前线一片寂静。21 时 40 分，英军的 1000 门大炮同时开火轰击德军，支援蒙哥马利作战的英国皇家空军也乘夜幕掩护对德军已集结起来的运输车辆和坦克集群实施破坏性攻击，从战斗一开始就使德军遭到重大伤亡。经过三天激战，隆美尔的非洲军团反被包围，已无力重新发动进攻，于是蒙哥马利率军转入反攻，经过几番交战，使隆美尔的非洲军团遭到了毁灭性打击，全面溃逃。在阿拉曼战役中，隆美尔的非洲军团伤亡 2 万人，被俘 3 万人，损失坦克 450 辆和 1000 门大炮。蒙哥马利战胜了“沙漠之狐”。阿拉曼战役是北非战局的转折点，蒙哥马利被誉为联军的救星，被国王授予骑士爵位。丘吉尔把这次战役称为“命运的关键”。他说：“在阿拉曼战役之前我们是战无不败，在阿拉曼战役之后我们是战无不胜。”

此后，蒙哥马利又转战西西里和意大利。1944 年 1 月被任命为盟军集群司令，该集群于同年 6 月 6 日在诺曼底登陆作战并取得了辉煌的胜利。1945 年蒙哥马利任英国驻德占领军总司令。后来升至北约第一副总司令。1958 年秋退役。蒙哥马利曾获各种高级勋章，除英国本国的之外还有许多外国勋章，其中包括苏联的“胜利”勋章和一级苏沃洛夫勋章。1976 年 3 月 25 日，蒙哥马利病逝于伦敦，终年 89 岁。

严格治军

经过长期战争的实践，蒙哥马利形成了自己严格治军的风格。他在担任第五军军长时，严令所属部队以艰苦卓绝的作风加强训练。他制定的有些训练演习计划，其逼真、艰苦程度，在英国是前所未有的。无论在大雨滂沱之下，在冰天雪地之中，或是在泥泞没胫的地形上，在恶劣不堪的天候里，训练计划都必须完成。

各级部队长官、参谋人员，凡不能经受这种疲劳艰苦考验的，便毫不留情地立即淘汰、更换。蒙哥马利认为，战争所需要的，是上自将帅下至士兵的健壮体魄。他要求各级司令部 40 岁以下的全体人员，每星期做 7 英里的跑步运动。实施这项规定的初期，怨声载道，但却没有人敢违抗命令，后来渐渐习惯了，甚至连年岁超过 40 岁的人员，也纷纷自动参加进来了。蒙哥马利还认为，军人要有一种积极的攻击精神，为此，平时就要着重培养部队的必胜信念、旺盛的攻击精神、无忧无虑的乐观情绪及健壮体魄。他有一个特殊的习惯，在视察部队的时候，时常脱下士兵头上的钢盔，双目炯炯地注视对方的眼睛，他说："我要看看士兵的眼神里面，有没有战斗意志的光辉。"

选贤任能，知人善任

蒙哥马利十分重视培养和选拔优秀的军官担任各级指挥员，并在战争实践中考察他们，发挥其特长。他一直控制着各级主要指挥员的任命权。甚至营连一级主官，他也要亲自挑选。他说："各级指挥官的人选，关系特别重大，必须对官兵们灌输一种紧迫感，不论哪一级，都不能容忍第二流的指挥官。不合格、不称职者必须清除。"他把功绩、统御风格和本职学识能力作为选拔各级主要指挥员的三大基本条件。蒙哥马利认为，指挥员最珍贵的资产之一是信心和感召力，特别是当他在作战失利的时候，依然能辐射出一种使人向上的力量，使部属们对作战具有坚定不移的必胜信念。在用人方面，一定要能适人、适地、适时。人与人、部队与部队、将领与将领之间各有不同。有的是

天女散花——航空布雷

1944 年年末，美军使用 B-29 轰炸机，历时四个半月，成功地对日本全岛进行了航空布雷，使日本全岛陷入了被封锁状态。战后的局部战争中，进行封锁作战时，航空布雷行动被大量采用。

航空布雷的方法，一般由轰炸机以若干个单机或编队，携带不同型号和不同引信装置的空投地（水）雷，在封锁目标的外围陆地或水域实施布雷。

夜间作战的好手，有的则是白天作战的行家，有的擅长于机动作战，有的则擅长于短兵相接的白刃格斗。每次战斗在制定基本计划时，蒙哥马利就考虑好了使用适当个性的将领和适当作风的部队去担任适当的作战任务。他认为，指挥员一经选定，就必须对之深信不疑，并予以全力支持。假如全力协助和支持后，仍不能完成任务，则必定在选人上出现失误，必须坚决撤换。有的军官在第一流的上级手下工作时，可能表现得非常良好。但是当他身为主官时，成绩却未必出人头地。因此要求最大限度地做到人尽其才。

“让士兵知道我来了”

蒙哥马利的军帽与众不同，他的军帽上面镶缀着将军和士兵两个帽徽。蒙哥马利为什么要戴这样的帽子呢？他认为，一个统帅人物要在部队中具有威信和感召力，必须使下级官兵经常能够在前线看到他。蒙哥马利在第一次世界大战中担任过排长和上尉参谋，他始终对自己从未见过总司令而深感遗憾，认为这是当时英军士气低落，战斗力不强的重要原因之一。有了这顶特殊的军帽，部队官兵就能够经常看到他，他说：“各部队官兵看到这顶帽子，就知道我来了，就知道我对他们的所作所为非常关切，就知道我不只是坐在安全的后方，高高在上地发号施令。”

“让士兵知道我来了”几乎成了第二次世界大战中英军官兵们对蒙哥马利的爱称。他经常深入前线，深入官兵之中。了解他们，关心他们，指导他们，并因此赢得了官兵的拥戴。

“三戒”

蒙哥马利元帅在一生的戎马生涯中有“三戒”：戒烟、戒酒和戒奢。他 24 岁从桑赫斯特军官学校毕业后，分到英军派往印度的军团服役。在那里他看到很多军官不求进取，沉迷花天酒地，这给了他很大的刺激。深感一个人要想励精图治，成就事业，献身军事，就必须除掉身上的不良习气。他决心戒烟、戒酒，不贪求过于舒适的生活。有一次丘吉尔首相到蒙哥马利指挥的部队参观军事演习。演习结束后二人共进午餐。丘吉尔问蒙哥马利：“你喝点什么？”蒙哥马利答：“水。”第二次世界大战期间，尽管战事紧张，军务繁多，蒙哥马利始终未因身体欠佳而中断过指挥，这与其“戒烟戒酒戒奢”是不无关系的。

威震敌胆的朱可夫

他是斯大林的部下，又是斯大林的战友；他是杰出的战略家，又是领兵赴阵，骁勇善战的指挥员。他就是苏联元帅——格奥尔基·康斯坦丁诺维奇·朱可夫。

1896年11月19日，朱可夫出生在俄罗斯一个贫苦农民的家庭，家境的艰辛铸就了童年的朱可夫勤奋上进，吃苦耐劳的性格。1915年应征入伍，在第一次世界大战中，由于作战勇敢曾荣获两枚乔治十字勋章。1918年参加苏军，翌年加入苏联共产党。从此步入了他在军事生涯的新天地，他的卓越的军事才能得到了淋漓尽致的发挥与升华。

1939年5月末，苏军出于战略上的考虑，决定在中蒙苏边境的哈勒哈河地区（旧译哈勒欣河）全歼入侵日军，以求敲山震虎之目的。此时已任白俄罗斯军区副司令员的朱可夫将军奉命前往战区担负前线总指挥。朱可夫到达战区后详细地了解了敌情与我情，指挥部队通过一系列的空中与地面的战役战斗，消耗敌人，同时着手拟定了合围并歼灭日军的总

朱可夫

攻战役计划。

1939年8月20日，总攻开始。这是一个星期日，风和日暖、异常平静。日军指挥部深信苏蒙军队还没有做好准备，麻痹大意，允许军官星期日休假，部队戒备松弛。朱可夫就选定这一天早晨5时45分发起进攻，在苏联空军和地面装甲坦克集团的猛烈进攻面前，日军溃不成军，节节败退。当总攻战役结束的时候，日军除了丢弃横卧战场的残破武器装备和无数尸体之外，精锐的“关东军”大败而归。此役也使朱可夫名声大振，使日军谈“虎”色变，闻名胆战，从此再也未在苏联的东部边境地区作乱。从客观上讲，朱可夫指挥的哈勒哈河战役确保了卫国战争中东部战线的安宁。

朱可夫的军事韬略与战略家的才能在4年的苏联卫国战争中得以充分的展示。1941年6月23日，就在德国人闪击苏联的第二天，朱可夫受命担任最高统帅部主要成员，后来又任最高统帅部副统帅。战争中，他作为大本营的代表亲赴前线，参与并指挥了卫国战争中几乎所有最著名的战役，而这些战役可以说是与苏联的命运息息相关的。

彼得格勒保卫战不但是苏联卫国战争史上也是整个第二次世界大战史中最为艰苦卓绝的城市保卫战。彼得格勒！它是十月革命的摇篮，每个苏联人都特别珍视它。除此之外，它还是重要的海港、铁路及运河枢纽，而且是苏联海军波罗的海舰队的主要基地。对全苏的政治、经济、军事有着举足轻重的作用。对苏联来说，一旦失去彼得格勒，那么他们就必须在北方重新建立保卫莫斯科的新战线，这样一来，不但将损失预定用于保卫莫斯科的战略总预备队，强大的波罗的海舰队也难逃全军覆没的厄运。

对希特勒来说，占领彼得格勒更具有特殊的意义，这不仅使他在军事上获得重大胜利，在政治上的意义更非同寻常。于是，希特勒一再强调，要把彼得格勒“从地球上抹掉！”

斯大林针锋相对，寸土不让，要求军队不惜一切代价保卫彼得格勒。

1941年7月，德军占领了彼得格勒的大部分地区，对市区形成了决战的战略包围态势；8月，德军发动了对彼得格勒的总攻；9月初，德军攻占该城的咽喉要地，切断了苏军进入该市的最后一条陆路通道。至此，德军已完成了对彼得格勒的战略包围。形势万分紧急。彼得格勒面临灭顶之灾。9月10日，朱可夫大将受命于危难之际，斯大林果断地将其从西线召回，赴彼得格勒方面军担负总指挥。朱可夫提出了新的口号："不是彼得格勒害怕死亡，而是死亡害怕彼得格勒！"

在强大的敌人面前，朱可夫表现出他超人的军事天才。他命令红军将主要兵力集中在彼得格勒西南和正南地区，使用空军和炮火支援步兵发起反突击，消灭敌人的有生力量，而不惜放弃一些堪称重要的地区。他的这一战略取得了极大的成功。使德军损失20余万兵力，到9月下旬，终于遏制住了德军的攻势，稳定了彼得格勒战场的局势，让狂妄的希特勒尝到了战略计划破产的滋味。此后，朱可夫又率军在市委书记日丹诺夫的领导下，走过了900个日日夜夜，军民共渡难关，粉碎了敌人的封锁：朱可夫说："我感到无上光荣的是，在最危难的时刻，委任我指挥保卫彼得格勒的所有军队。在被封锁的条件下，组织同兵力兵器占极大优势之敌的斗争。无论是大量的牺牲，还是长期过度紧张的战斗，都没有摧毁彼得格勒保卫者的士气和英雄气概。他们宁可在同敌人的斗争中战死，也不把城市交给敌人。苏联军民在极端艰难困苦的形势下再一次证明了什么叫做伟大。"彼得格勒保卫战是令朱可夫终生难忘的。1943年1月18日，在彼得格勒战役最后胜利之际，朱可夫荣获苏联元帅军衔。

彼得格勒的胜利是伟大的，但毕竟是局部的胜利，在整个苏德战线上，德军仍在嚣张、猖狂地进攻，莫斯科仍在敌人的主突目标之中。作为最高统帅部的代表，朱可夫也参与指挥了莫斯科会战。他被任命为预备方面军司令，实际上是负责动员组织成千上万的预备队兵力，开赴战场，以弥补一线苏军的重大损失。作为统帅部的代表，朱可夫工作得十分出色，急速武装起来几十万的预备队官兵源源不断地开赴莫斯科以西的战场，苏军用血肉之躯，筑起了一道保卫莫斯科的钢铁屏障。还有一件事足以说明朱可夫的胆识。

1941 年 11 月 1 日，朱可夫被召回最高统帅部。斯大林对他说："今年十月革命节，除了开庆祝会外，我们还想在莫斯科举行阅兵式，你认为怎样？形势允许我们这样做吗？"此时的战略态势于苏军极为不利，战争初期损失惨重，重创未愈；北面彼得格勒遭围困，南面基辅等重要城市丢失，中部，德军百万大军兵临莫斯科城下，敌人的空袭时时威胁着莫斯科红场。朱可夫十分了解斯大林的意图，也十分敬佩斯大林的胆略。他果断地赞同了斯大林的计划，并且细致入微地分析了敌情，部署了对空防御以及调集大量的航空兵来保障阅兵式顺利进行。众所周知，节日前夕在莫斯科的地铁车站举行了纪念伟大十月革命 24 周年的庆祝大会，11 月 7 日，在红场上举行了传统的阅兵式，英勇威武的苏联军队雄赳赳、气昂昂地通过主席台，接受领袖的检阅，然后高唱着战歌直接从红场开赴莫斯科以西战场，用鲜血和生命去保卫莫斯科。苏军终于取得了莫斯科战役的胜利，这其中也凝聚了朱可夫的心血与智慧。

空中警卫队——空中护航

由于轰炸机或输送空降兵的军用运输机在执行任务时，必需进入敌区行动，是敌方打击的重点目标，空中容易遭敌歼击机的拦截，而轰炸机或军事运输机本身机动性差，抗击能力弱或无抗击能力，为了保证其任务的完成，就要派出歼击机护送，当轰炸机或军事运输机遭敌机拦截时，歼击机将全力阻止敌人对被护送目标的攻击。

希特勒攻克莫斯科的战略计划破产之后，正值严冬，疲惫的德军在冰天雪地里熬过了俄罗斯漫长的冬季，随着冰河解冻，德军渐渐恢复了元气，从1942年5月开始先后在几个重要的战略地区获得几次重大的军事胜利，并于6月28日对伏尔加格勒发动了全线进攻，妄图拿下该域，切断苏联中部与南部的联系，迂回包抄莫斯科；同时断绝苏联能源、粮食、战略物资的供应。伏尔加格勒会战的成败将关系到苏联的生死存亡。

朱可夫又是在此时奉命前往伏尔加格勒战区，负责全面参与、协调、指挥这场空前激烈残酷的伏尔加格勒大会战。面对着75万精锐德军的猖狂进攻，朱可夫指挥着仅有19万人的苏军与德军展开了殊死的血战。自此，伏尔加格勒的每条街、每一个院落、每一栋建筑甚至每一个房间都成了两军对垒的前沿阵地。60万市民和苏军一起同德军展开了长达4个月的城市巷战，在战况最激烈的阶段，城内尸体堆积如山，腐尸的恶臭和炮火的硝烟弥漫天空，其惨烈的程度，为世界战争史中所罕见。朱可夫就用这样的战略措施和战役战术拖住了德军，迟滞了敌人的进攻速度，为组织预备队和包围歼灭敌人争得了宝贵的时间，把热昏的德军一步步拖入陷阱。德军始终也未能全部占领伏尔加格勒。10月，形势有了根本变化，与德军进行决战的条件已经成熟。十月下旬，已被任命为最高副统帅的朱可夫制定的战略反攻计划基本完成并得到斯大林批准。

游击战——空中游猎

空中游猎是航空兵以小分队或单机在指定的空域内伺机袭击空中、地面和水面目标的一种战斗形式。又叫空中游击。是航空兵最早采用的一种战斗活动方法。

空中游猎的目标主要是正在起飞、降落、出航、返航、空中加油、脱离编队、负伤和有故障的敌机，和地面、水面上临时发现的目标。

1942年11月17日苏军开始了伏尔加格勒战略反攻作战。朱可夫指挥苏军英勇作战，全歼德军第6集团军，活捉德军鲍卢斯元帅。至1943年2月，伏尔加格勒战役结束时，德军共损失兵力150万、坦克3500辆、火炮12000门、飞机3000

余架。在这里，希特勒和他的将领们终于尝到了什么是被歼灭的滋味，又一次领教了朱可夫元帅精湛的用兵之道。朱可夫参与和指挥的伏尔加格勒战役是苏德战争的转折点，也是整个第二次世界大战的转折点。他本人由此被授予第一号苏沃洛夫一级勋章。

在此之后的两年多时间里，朱可夫作为最高副统帅又亲临战区前线，指挥了库尔斯克会战，乌克兰会战，维斯瓦河——奥德河战役等等：在库尔斯克会战中，成功地指挥了第二次世界大战中最大规模的一次坦克会战，双方投入6000余辆坦克，战场上展示了空前的壮观。在持续50天的会战中，朱可夫指挥苏军取得了彻底的胜利．消灭德军50余万人、坦克1500辆、火炮3000余门、飞机3700架。为整个苏德战场的反攻创造了有利条件。在乌克兰会战中，朱可夫参与、指挥、协调战区部队全歼了南线德军主力，恢复了丢失的重城要镇，大踏步地走入了反攻的历程。在维斯瓦河——奥德河战役中，朱可夫指挥苏军快速装甲坦克部队飞速突破德军绵密的七道防御阵地。直插敌人的腹地与战役后方。然后两面夹击敌人，加上空中突击，以较小的代价全歼敌人。

战役结束时，苏军已踏上德国的本土，随即直捣法西斯德国的老巢。朱可夫指挥的白俄罗斯第一方面军协同友邻部队仅用了16个昼夜就攻克了柏林，完成了对希特勒的最后一击，取得了最后的胜利。作为战争的参加者与指挥者，朱可夫本人就是一部最好的战争辞典。他几乎参与了每一次最关键的军事行动，为祖国、为反法西斯战争立下了丰功伟绩。1945年5月8日，朱可夫代表苏军最高统帅部在柏林接受法西斯德国武装力量的投降。

战后，朱可夫一直在军队服役，最后任国防部长，他把毕生都献给了祖国的解放事业与军队的建设。

如果用百战不殆、威震敌胆来形容朱可夫元帅的战场雄风，是一点也不过分的。

“闪击英雄”——古德里安

法西斯德军上将海因茨·威廉·古德里安是第二次世界大战的战犯之一，是“闪击战”理论的倡导者和实践者，他被资产阶级军界誉为“闪击英雄”。

古德里安青少年时期先后毕业于军官学校和中等武备学校，曾在步兵、骑兵中服役。第一次世界大战结束后，调到运输兵总监部，研究摩托化运输问题。古德里安经过认真的思考研究，向德军统帅部提出把摩托化运输部队改为作战兵种，即建立装甲兵部队的建议。建议受到冷遇和嘲讽，直到希特勒上台后，才得到支持，受命创建德国第一支装甲兵部队。古德里安先后担任德军装甲兵司令部参谋长、第二装甲师师长、第十六军军长、第二装甲兵团司令、装甲兵总监、陆军总参谋长等职。第二次世界大战初期，法西斯德国发动的侵略战争能够取得很大进展，与古德里安指挥装甲兵实施闪击战有着直接的关系。

第一次世界大战后，古德里安开始研究装甲兵问题，他从战史中看到了使用装甲车辆的先例，又研究了美国人把战车当做步兵支援武器的实战经验，使他确信，未来战争中装甲兵必定发展成为一种在战略上具有决定性的武器，装甲兵应当建成独立的兵种，应以装甲师为单位，再进而组建装甲军，各兵种中要以装甲兵为主，其他兵种居于辅助地位。古德里安的这些新观点一次又一次地被老资格的将军们顽固的传统观念所否定。古德里安毫不气馁，他据理力争，更加起劲地宣传、鼓

古德里安

吹他的理论，并组织一些成功的演习来佐证。经过反复激烈的斗争，古德里安的新理论终于逐步被人们所接受。希特勒上台后，授命古德里安负责装甲兵的组建和装备工作。古德里安亲自参与战车的设计制造工作，提高其战斗性能。德国开始大规模生产坦克和装甲车。在1933年的一次军事装备展示会上，上台不久的希特勒对装甲坦克部队机动作战能力感到十分满意。古德里安的理论，正好适合了希特勒对外实行侵略扩张的需要，希特勒手舞足蹈地说："这就是我们所希望的东西，这就是我们所需要的东西。"1934年德国成立了装甲兵司令部，古德里安任参谋长。1935年德军三个装甲师正式成立，古德里安任第二装甲师师长。

1938年3月在德国兼并奥地利的军事行动中，古德里安牛刀小试，率装甲坦克部队长驱直入近600英里，在48小时之内全部到达维也纳。

这次战役是世界上第一次以装甲兵为主要攻击力量的作战行动，也是德国法西斯所鼓吹的"闪击战"的一次尝试。尽管实战中也暴露出一些问题，如战车维护、后勤保障等，但从总的方面看，作战取得了极大的成功。古德里安所指挥的闪击战术，要求突然奇袭，快速机动和集中兵力，将大规模的坦克装甲兵集中使用，在空军的配合下，突破对方某一狭窄地区，以迅雷不及掩耳之势，迅速向敌纵深发展，扩大占领区域，实施包抄合围，使敌人来不及组织新的防御即被歼灭。

古德里安总结了兼并奥地利的经验，针对实战中暴露出的问题，采取措施弥补弱点，完善战术，积极筹划着进一步的侵略行动。

希特勒德国的扩军备战行径，并没有引起欧洲各国应有的警惕，以至于在第二次世界大战爆发时，在德军的坦克、大炮、飞机猛烈攻击下，丧失了抗击能力，使得"闪击战"

威力发挥得淋漓尽致。27天灭亡了波兰，1天占领了丹麦，1个月挪威投降，数小时灭了卢森堡，5天占领了荷兰，比利时仅仅坚持了15天，法国是个大国也不过坚持了42天，把几百万英法联军逼到英吉利海峡边只用了11天。德军调头向东偷袭苏联时，如法炮制，从几千千米的正面发起全线进攻，1天前进了百余千米！

从军事上讲，这样的速度和胜利，在战争史上是空前绝后的，“闪击战”取得了巨大的成功。古德里安正是推行“闪击战”的急先锋。

1939年9月1日凌晨，德军大举进犯波兰，古德里安指挥的德国坦克军，始终冲在最前面。9月3日，古德里安的装甲坦克部队已对波军形成钳形夹击之势，被围困的波军骑兵团因不懂战车的性能，居然向战车发起冲锋，结果遭到极大损失。在波兰战役的第一阶段行动中，古德里安的装甲军死150人，伤700人，而波军却损失了三个步兵师和一个骑兵旅。希特勒到前线视察时，对装甲部队的伤亡这样少感到十分惊讶。10月27日希特勒授予古德里安一枚武士级铁十字勋章。从此古德里安的装甲兵声威大振。

1940年5月10日，德军开始横扫西欧各国时，又是古德里安的装甲坦克部队冲在最前列。德军临时组成了拥有两个军的“古德里安装甲坦克兵团”一路南下，势如破竹，快速进击，围歼了马其诺防线的法军精锐部队，又掉头直逼巴黎，直到法国投降。趾高气扬的古德里安乘车率队通过了巴黎“凯旋门”！古德里安的部队进展如此神速，以至于连希特勒都发生了怀疑，一再询问古德里安是否把攻占的地点报告错了。这可谓其军事生涯中最辉煌的时刻。

1941年古德里安参加了入侵苏联的战争，任第二装甲兵团司令，被编入德军中央集团军群之内行动。6月22日战争发起之后，古德里安很快突破了苏军防线，急速向纵深挺进，一周内打到明斯克，与其他德军一起完成了对 50 万苏军的合围，以后又直逼莫斯科城下。

英勇的苏联军民进行了空前规模的莫斯科大会战，德国法西斯的百万大军，包括开战以来所向披靡的古德里安坦克装甲军团，被阻在莫斯科以西的地域，饱尝着精疲力竭、物资奇缺、苏军炮火和零下 40℃寒冬的折磨，士气低落，损失惨重，很快丧失了战场的主动权。古德里安万分沮丧，他说："对莫斯科的进攻已告失败。我们已经败北。"

莫斯科会战，粉碎了"闪击战"不可战胜的神话。"闪击战"又被称作"闪电战"，真是名副其实，它只是在第二次世界大战初期那么一"闪"，虽然耀眼夺目，但很快也就消逝得无影无踪了。

莫斯科会战从战略上结束了"闪击战"的命运，也结束了所谓"闪击英雄"古德里安的命运。莫斯科会战之后，古德里安由于和希特勒意见不一致，更由于在苏德战场上的惨败，于 1945 年 3 月被撤职，退入预备役。后为美军俘虏，接受军事法庭的审判，服刑期满后获释。1954 年病死，终年 66 岁。

煊赫一时的山本五十六

山本五十六是日本法西斯的海军大将，死后被追封为海军元帅。山本五十六在战争史上留下足迹时间很短，前后不过一年半左右；他之所以被公认为"二战名将"，主要是组织指挥了一次著名战役——偷袭珍珠港。这次战役，影响太大了。从政治上说，它点燃了太平洋战争的战火，迫使美国全面参战，从此第

山本五十六

二次世界大战进入了一个新的阶段；从军事上讲，它的劣势兵力大胜了优势的敌人，在世界海战史上第一次把航空母舰当做主要突击力量，以极小的代价取得了极大的战果。

文质彬彬的“亲美派”？

1884年4月4日，山本五十六生于日本新潟县长冈市，1904年毕业于著名的江田岛海军学校。这个学校曾被日本军界称为“帝国的西点军校”。山本五十六赶上了日俄战争的尾声，当了一名少尉，当时的日本联合舰队总司令东乡平八郎的赫赫战功，对年轻的山本五十六有很大的影响。后来他又进入日本海军大学学习深造，毕业后一直在海军任职。

山本五十六身高1.70米左右，体重50公斤，外表看来文质彬彬，喜怒不形于色。但了解他的人都知道，山本五十六性格倔强刚毅，深谋远虑，胆大心细，足智多谋，且素有大志，一旦定下决心，终生不改。当他的偷袭珍珠港的方案，一度在日本军令部受到冷淡时，他以辞职相威胁，终于获得通过。

1926—1928年，山本五十六被派往华盛顿担任日本驻美海军武官。这使得野心勃勃的山本五十六有了一个极好的机会，就此深入地了解研究美国海军的作战、训练、武器、装备等各方面的情况，甚至连美国海军主要将领的脾气、性格、心理承受能力等都了如指掌。他还结交了不少美国海军的知名人士，和他们成了“好朋友”，山本五十六竟被美国人看做“亲美派”的日本人？！

山本五十六善用诡道奇谋，这在偷袭珍珠港事件中有集中的表现。就是平时，也偶有流露。据说他在美国任职期间，

“地面值班”——机场待战

机场待战就是飞行员和飞机已经做好了战斗起飞准备，在机场起飞线或停机坪等待命令随时起飞迎敌的一种状态。又叫机场值班。是航空兵执行战斗任务经常采用的待战方法。

机场待战方法是雷达技术出现后产生的方法，特别是20世纪50—60年代作战指挥系统的不断完善，机场待战被广泛采用。

有一次和美国海军部的几名高级军官玩牌。第一把牌山本的运气不佳，但他装作胜券在握的样子，不按正常的打法出牌，并不时用动作和语言发出恫吓，搞得美国人莫名其妙，稀里糊涂地输掉了这一盘。第二把山本的牌运大佳，但他装得若无其事，不动声色，使美国人认为他还是在唱空城计，草率进攻，结果输得更惨！

“亲美派”的杰作——偷袭珍珠港

第二次世界大战爆发之后，希特勒在欧洲取得节节胜利，使得日本法西斯再也按捺不住了。占领了大半个中国并不能填满他们的欲壑，他们还要控制太平洋，实现所谓“大东亚共荣圈”！阻碍日本人实现这一野心的最大障碍是美国在太平洋地区的军事力量。

山本五十六早就看清，日美开战是迟早之事。这位被美国人看做“亲美派”的日本联合舰队司令官把眼光瞄准了美国在太平洋地区最大的海军基地——珍珠港。当时在太平洋地区，美英海军和日本海军总的兵力对比是10∶3，日本是绝对劣势。因此，以战列舰为主力，进行堂堂正正的海上决战是绝难讨好的，要战胜美军必须偷袭。

1941年2月，山本命令源田实少佐按照他的构想，草拟袭击珍珠港的方案。3月，山本和他的几名主要助手，在极端秘密的条件下，进行了周密细微的推敲。4月，一个被称作“Z”计划的偷袭方案敲定了。这个计划的要点是：集中使用6艘航空母舰，以舰载机为主要突击力量，并调集大批战斗舰艇和辅助舰艇掩护和配合航空母舰行动；要精选最能干的指挥官和高水平的飞行员；要采取各种措施，绝对保守机密。

从5月起，山本等率参战部队进行有针对性的训练，各级指挥员反复进行图上对阵和沙盘演习，以熟悉作战方案和弥补其中不足之处；分批将参战飞行员集中在地形酷似珍珠港的鹿儿岛进行严格的投弹、投鱼雷训练；组织参战舰艇进行恶劣气候条件下的海上加油训练；进一步改进了鱼雷的性能，等等。

9月，山本五十六带着他的方案，亲赴东京，经过激烈争论，日本军令部批准了他的方案。9月7日山本向各主要指挥官下达了作战计划。11月，又在佐伯湾进行了三次实战演习，使得各部队进一步明确了任务，保证做到协调一致。

善用诡道的山本五十六和日本首脑商定了各种伪装措施，使美国的军政首脑判断失误，保证了偷袭的成功。1941年初，日本委派与罗斯福关系甚好的野村吉三郎为驻美大使，野村到处发表“友好”谈话：“不管日美两国之间存在什么问题，都能够以友好合作的态度加以解决，没有任何理由诉诸武力”；并就日美关系问题和美国政府进行了60次会谈，“保证日本政府绝不损害美国的利益”。日本首相也亲自出马，在公开讲演中宣扬“日美友好”，“极力阻止欧战蔓及远东”。11月5日，即日军下达偷袭珍珠港作战预令的当天，日本政府还派来栖特使前往华盛顿，协助野村大使和美国谈判。在日本国内，也极力散布日美友好的气氛，日本首相邀请美国大使共进晚餐，并建议在夏威夷进行一次日美首脑会谈。

空中的角斗——空中格斗

战后，喷气式歼击机取代活塞式歼击机，机载设备不断更新，近距格斗导弹的出现，使现代的空中格斗变成了导弹与航炮、电子战等相结合的联合行动。

空中格斗有单机格斗、编队格斗、机群格斗等。格斗中有攻击、有掩护相对的分工，具体根据当时的空中情况变换攻击和掩护关系，便于完成任务。

山本五十六从军事上也大力配合，他在日本内海多次组织和偷袭珍珠港毫无关系的登陆演习，并邀请美国等国的驻日武官参观；12月5日至7日（偷袭珍珠港就是12月7日），还组织驻横须贺的海军官兵去东京游览；12月初，日本商船照常开往珍珠港附近的火奴鲁鲁……

一切的伪装措施，成功地蒙骗了美国政府和美军统帅部，以至于对山本五十六指挥的庞大的联合舰队的行动毫无察觉。12 月 7 日是个星期日，美国海军官兵照样上岸度假，飞行员多数离开了机场，炮兵不在炮位，炮弹仍在库房，珍珠港的情报中心空无一人，连值班员都没设。一部值班雷达发现了日本机群时，值班员认为是自己的飞机，既不追查，也不报告。驻珍珠港的美军夏威夷航空兵司令马丁在吃早餐，他也把低飞进入、直扑港口的日机当成了美机，骂道："这些糊涂的家伙，总该知道禁止直转的规定……"话音未落，港内停泊的美军舰艇已在震天的爆炸声中被炸起火。

山本五十六组织的这次偷袭，是如此的出敌不意：在不到 2 个小时的攻击中，日机几乎没有遭到任何像样的抵抗，仅以 29 架飞机和 6 艘袖珍潜艇的微小代价，就取得击沉击伤美军舰艇 40 余艘、击毁飞机 260 余架、消灭美军 4500 余人的巨大战果。

"亲美派"山本五十六的这次杰作，打得美国海军的主力太平洋舰队，半年没能喘过气来，他自己也声威大振，名扬于世了。

有趣的是，战后美国出版的一本名为《科沃特——创造太平洋战争的人》的书认为，山本五十六偷袭珍珠港的计划，来源于英国的一本小说——《太平洋战争》？！科沃特是一个英国间谍，后来成为研究海战的专家，他在 1920—1940 年间，写过不少文章，还发表过几部小说，其中之一就是《太平洋战争》，小说中有一段，就描绘了想象中的偷袭珍珠港的过程。山本在任职美国期间，就看到并认真研究了这本小说，也许那时他就酝酿了在太平洋重创美军的蓝图？

骄兵必败，丧身所罗门

偷袭珍珠港之后，日本海军不可一世，在广阔的太平洋上耀武扬威，横行无忌。山本五十六似乎也被胜利冲昏了头脑，对慢慢恢复了元气的美军太平洋舰队，失去了应有的警惕。以至于在1942年的海战中，特别是中途岛海战，无线电严重失密，终于落入美军预先设好的圈套，招致惨败，从此一蹶不振，再也没打过什么漂亮仗。直到1943年4月18日，离珍珠港事件不过16个月，山本五十六的座机被美军击落，葬身于所罗门群岛的密林之中。

4月13日，美军截获了日本联合舰队司令部的一份电报，得知山本将于4月18日9时45分，乘2架轰炸机，在6架零式战斗机的掩护下飞抵布干维尔岛。

这使得和山本有着深仇大恨的美军太平洋舰队欣喜异常。一份被命名为“复仇”的计划，很快拟制出来。珍珠港事件之后才上任的太平洋舰队司令尼米兹上将，把这份情报和计划一起报给了美国总统罗斯福。起初，美国的一些高层人士还有些犹豫不定，因为自古以来有一条不成文的规定:“不得暗杀交战双方的指挥官”。最后，据说罗斯福拍了板:“山本是在作战区域内巡察，在这种地方，1名大将和1名普通荷枪的士兵一样，同样是合法射击目标。”

截击山本座机的行动由16架P-38闪电式战斗机执行。米歇尔少校率12架飞机，先期到达，诱开零式战斗机，朗菲尔中尉率4架飞机攻击山本座机。他们精确地计算了时间、距离、高度、速度，制定出周密的战斗方案。

4月18日7时25分，美机按计划起飞了，由于两架飞机发生故障，只出动了14架飞机。编队沿蒙达、伦多瓦、肖特兰一线，贴近海面飞行，并保持无线电静默，以避开日军雷达和无线电侦测。8时，山本一行也按预定计划起飞。双方编队沿各自计划好的航线飞行。8时35分，就像经过预演的一样，准时在布干维尔岛附近的上空相遇。米歇尔率队迅速爬高，似乎在抢占有利攻击位置，担任掩护任务的日本战斗机果然上当，离开山本座机扑向美机。这时担任攻击任务的朗菲尔中尉立即率领4架战斗机从低空迅速向山本座机发起攻击，一长串复仇的炮弹把后面的一架日本轰炸机打得空中开了花，紧跟着又向前面的一架日本轰炸机攻击。这架飞机正贴着岸边的树梢拼命规避，上了当的日本战斗机也不顾自身安危地扑回来掩护，但已经来不及了。朗菲尔抓住机会，用长时间的、猛烈的火力进行射击，山本座机被击中起火，随之坠落在布干维尔岛的密林之中，轰然一声，山本五十六当场丧命。当米歇尔少校率领机群胜利返航之后，几架日本战斗机还在布干维尔岛上空徘徊，他们只看到了一股浓烟从密林中冉冉升起。

山本五十六，这位一度令世人震惊的日本名将，丧身在他亲手点燃的太平洋战争的战火之中。

空中包围——空中封锁作战

空中封锁作战是以空军战役战术力量为主，在其他军兵种力量支援配合下，为阻断、限制敌方对外交通和经济、军事联系而实施的空中进攻性作战。

空中封锁作战最早用飞机从空中布雷对海上进行封锁，到第一次世界大战结束，航空兵参加封锁作战主要担负航空侦察、航空布雷、突击敌舰船等任务。

“第四战场”——电子战

自从科学技术发展到一定的程度和规模之后，电子技术便自然而然地投入了残酷的军事斗争，从第二次世界大战到20世纪90年代初爆发的海湾战争，电子战充斥着战争的每一个空间，有人甚至将其比喻为渗透并超出陆地、空中、海洋的第四战场，并断言，将来谁在战场上获得电子战的优势，谁便可能赢得战争。于此，我们也想漫谈电子战的今昔。

音乐导航，引狼入室

提起第二次世界大战，可称为迄今为止世界上规模最大的战争，这是人们都知晓的，但是，你可曾知道，这次大战期间发生过一系列隐蔽无形但却非常真实的战争——电子战。

1940年，德军入侵英国是从空袭开始的。一个漆黑的夜晚，能见度几乎到了最低限度。英国伦敦高耸入云的广播天线塔，一刻不停地向空中发射着强烈的电波，给沉寂在这所繁华都市的英国人民送去了美妙无比的音乐。可是，谁也没有料到这悠扬动听的音乐会给他们自己带来空前的灾难。寂静的伦敦夜空突然响起一片闷雷般的轰鸣声，希特勒的轰炸机群借着茫茫夜色作掩护，准确地飞抵了英国首都的上空，随着呼啸的炸弹降落声与震耳欲聋的爆炸声，伦敦主要街区的古老建筑物纷纷被炸，巨大的火焰腾空而起，无辜的平民百姓被火海吞没。人们十分奇怪，当时世界上还没有出现无线电导航设备，这些空中强盗是怎样冲破夜幕飞临伦敦上空的呢？原来，纳粹德国在轰炸机群的领航飞机上，装有接收方向很强的无线电收信机。当飞机的航向对准伦敦的广播天线塔时，收信机所收到的广播信号很强，偏离了这个航向，信号就很弱或根本接收不到。这样，飞机便可根据这个信号的强弱来不断地修正航向，准确地飞向目标区域。

为了对付敌人的这套鬼把戏，聪明的英国人也想出了很多的办法。他们在德军飞机可能偷袭的方向上设立观察哨，一旦发现敌机，便通知统帅部，迅速将全国所有的广播电台统一到一种频率上进行播音。这样，同一频率的电台信号来自四面八方，使德军轰炸机群晕头转向，无法辨别哪里是轰炸目标，大大减小损失。

希特勒当然不会就此罢休，随即改用其他导航方式，继续对英国狂轰滥炸，英军也及时采取相应的对策进行对抗，于是，这场电子战逐步升级，从简单的广播电台导航对抗，一直发展到专门的无线电导航对抗，而且发展越来越快，技术手段越来越先进。

以假乱真，引向歧途

古往今来，两军对阵，不到最困难时，双方都不会把自己的王牌亮出来。法西斯空军利用广播电台的被动导航方法并非最后一招。早在第二次世界大战之前，德国就研制成功一种被称为“弯腿”的无线电导航方法，用于辅助轰炸机在夜间或能见度差的条件下寻找目标。这就是等强信号区导航法。

电波中的战斗——电子战

第二次世界大战期间，通信、导航和雷达技术逐渐成熟，各种电子设备在空军装备上得到广泛应用，对抗手段和方法也得到相应发展。包括侦察敌方的电台和雷达，以干扰压制、欺骗和突击敌方的雷达、导航、通信等设备，达到破坏敌方航空兵战斗活动的目的。

法国和荷兰沦陷后，德军便在这两个国家靠近英国的一侧，分别设了一个强功率并具有很强方向性的短波发射台，每个发射台发射两个部分重叠的波束，其中一个波束发射“划”信号即：嗒—嗒—，另一个波束发射“点”信号，即：嘀、嘀。这样，两个波束的重叠部分将出现“点”“划”两种信号，需要时，便将两个发射台所发射的重叠波束在目标上空相交，飞机在途中如能收到两个等强的“点”、“划”信号，就说明航向已对准目标区。1940年8月28日深夜，160架纳粹轰炸机利用这种导航方法，直扑伦敦。机群起飞以后，领航机一直听见清晰的“点”、“划”信号。可是好景不长，当它们进入英国领空不久，便出现了一种怪现象：在飞行员没有改变航向的情况下，收到的“划”信号越来越强，这意味着机群已“偏”离航向。究竟是什么原因呢？原来，早在7天前，英国皇家空军的“无线电研究飞机”就收到了德军“弯腿”信号。弄清了它的用意以后，英军随即研究了对抗措施，并责成第80航空队司令艾迪生率本队实施干扰。8月28日这一天，英军利用设在自己国土上的无线电收发装置，先把德军的“划”信号接收下来并进行功率放大，然后由弱到强向空中发射，使其与原“划”信号同步，这就是德军飞机收到的“划”信号越来越强的原因。确信“弯腿”导航系统准确无误的德军飞行员怎么也想不到他们收到的是假信号而上当受骗，他们不假思索地按照英国人指引的航向飞去，结果投下的炸弹没有落在伦敦，而在英吉利海峡激起了冲天的水柱，这就是初期的电子欺骗战。在以后几次无线电导航对抗中，双方角逐手段更加巧妙。有一次，英军竟利用以假乱真的导航信号诱使德军飞机在英吉利海峡上空转了数圈，最后引导其在英国本土的机场上降落，当晕头转向的德军飞行员走出停放好的飞机，乘上来接他的汽车准备回去休息时，才发现自己

电磁中的拼杀——空军电子对抗战术

实施电子对抗，一般是在截获对方的电子情报和雷达情报信息情况下，利用有人和无人反辐射攻击机进行火力打击，使用专用电子干扰机进行有源干扰和无源干扰，控制电磁频谱辐射和电子佯动等方法和手段，保障航空兵和其他兵种作战行动。

已经当了英国人的俘虏。

利用电子对抗手段破坏对方的导航，虽然在一定程度上降低了敌人的轰炸效果。但这毕竟是一种消极行动。如果在敌轰炸行动之前就能获悉有关这方面的情报，提早采取对策，情况将会更好一些。于是世界各国都加紧研究如何利用电子设备侦截敌方情报或扰乱敌方的无线电通信，这就是电子战中的通信对抗。

密码泄露，火进误伤

1943 年 5 月，德军情报机关截获并破译了盟军发给美军某航空兵基地的一份电报："……进攻西西里岛之战方案已定，命你部务必于 5 月 8 日 23 时前，完成向该地空运地面作战部队的任务……"。

德军为破坏这次空运行动、立即制定了一个用无线电通信手段进行欺骗活动的作战计划。5 月 8 日，夜幕降临之后，美军的空运行动开始了。飞机离开基地不久，德军首先干扰了机队与基地之间的无线电通信，使其迷失了航向，与此同时，德军派出轰炸机轮番轰炸停泊在英军基地附近海面上的英、美军舰。同以往轰炸时一样，所有轰炸机始终保持在 5000 英尺（1 英尺 =0.3048 米）的高度上水平轰炸。这样就使英、美军舰上的作战人员产生一种误解：以为 5000 英尺高度的机群都是德国人的。接着，德军冒充美军地面指挥所，向由于迷航正焦急万状地在空中兜圈子的美军空运机群发出指令："……请保持 5000 英尺的高度！请保持 5000 英尺的高度！航向 3500 密位……"美军飞行员听到后如获至宝，他们忘记了识别与分析便立即按指定的高度和方向飞去。当他们被诱骗到英、美军舰上空时，这些水面舰只一看机群高度大约是 5000 米，误以为又是德机前来轰炸，于是急令开火，绵密的对空火力使这些长途机动来此支援作战的盟军士兵连同搭载他们的美军飞机由于遭到自己人的突然打击而机毁人亡。这是一次经过精心设计的电子欺骗战。后来，英美联军也采用无线电欺骗手段，模拟德军初期的V—2火箭的无线电制导指令，使德军导弹无法击中目标。

第二次世界大战中还出现了无线电杂波干扰的斗争。苏军发射出强大的杂波，全面覆盖了被包围的德军集团军的无线电通信。该集团军曾先后250次企图与德军大本营取得联系，转用了各种不同波长，发出各种不同的呼号，都无济于事。弹尽粮绝之后不得不束手就擒。

两国交战，处于防御的一方，总想提前知道进攻者何时光临。这对飞机来说尤为重要。第一次世界大战中，轰炸机的时速130千米左右，只消派几名听觉灵敏的盲人或用大喇叭口的听音器就能对付。到了第二次世界大战轰炸机的时速达到了400千米，继续用土方法就不行了。于是空中警戒的千里眼——雷达应运而生，并立即显示出了它的威力。

雷达问世，大显身手

早在第一次世界大战末期，各国已开始研究雷达技术，并获得了重大进展。德国是电磁波发现者赫兹的故乡，在1933年前后，德国科学家已经研制出可供实用的防空警戒雷达。但愚蠢的德国空军头目戈林，不知哪根神经出了毛病，竟然认为雷达技术一旦被窃对德国空军是极大威胁，与其研制出来被英国窃走，不如把它扼杀在摇篮中。于是，戈林下令停止一切研究工作，销毁和封存现有的技术资料，他大概认为这就可以使他的空军横行无忌了。与此相反，

空中的角斗——空中格斗

第一次世界大战期间，装有固定式前射机枪和具有一定机动性能的歼击机的出现，开始了运用各种特技飞行动作的单机格斗空战。第二次世界大战期间，随着飞机、机载武器、无线电和雷达技术的发展，空中格斗的规模和空间逐渐扩大，编队格斗成为主要样式。

英国则在严格保密的条件下，竭尽一切努力加紧雷达技术的研究，并不断取得突破性进展，终于在1936年由电子科学家W·瓦特研制出了第一部探测飞机用的实用防空雷达，1938年又研制出世界上最早的机载对海搜索雷达。同年，美国也研制成舰载警戒雷达，并安装到纽约号战列舰上。

这时，戈林才如梦初醒，匆匆下令重新开始雷达技术的研究，但已晚了五年，使德国远远落在英美之后，并在战争中饱尝了其恶果。

在不列颠之战中，德、英双方空军力量的对比是悬殊的。德国集中了飞机2400余架，其中轰炸机1480架。而英国只有飞机1300架，其中用于防空作战的战斗机仅700架。1940年8月13日，德国的轰炸机群在战斗机的掩护下，飞越英吉利海峡时，英军雷达及时捕捉了德国空军编队飞行情况，战区司令立即派出战斗机群，在预定的空域巡逻待战。不可一世的德国飞行员，把英伦三岛的地图画在机身上，并加上“伦敦—8月15日—完蛋”字样。当他们从浓密的云层中钻出，正在寻找轰炸目标时，待战已久的英国喷火式飞机编队，突然向德国人发起猛烈的攻击。那些对地面有巨大破坏能力的轰炸机，面对来自空中的攻击却异常脆弱，一些德机中弹起火。接着，第二批、第三批空袭英国的德国机群也碰到了和第一批相同的遭遇，在英国战斗机的攻击下，不少德国轰炸机坠入大海，有些则被迫丢下炸弹急忙返航了。在这一天的空战中，德机损失47架，英机损失13架。在以后一个多月的空袭中，最令德国人头疼的就是，英国战斗机总是有规律地占据最有利的位置，他们好像计算好了一样总

空中拦截——空中截击

第二次世界大战中，广泛使用了雷达和无线电，指挥所可以掌握远距离的空情，并引导歼击机准确拦截敌机。现代航空兵指挥所拥有以电子计算机为中心的自动化指挥设备，歼击机的作战性能和设备也有极大的改善，进一步提高了空中截击的效能。

是在最有利的时间和空域，向德国人发起猛烈的攻击。谁都明白，雷达在这里发挥了巨大的威力。

当然，希特勒的疯狂空袭使英国遭受了巨大的损失。但是德国空军也为此付出了沉重的代价，在兵力处于绝对劣势的英国空军的顽强抵抗下，德国空袭的头 10 天就损失飞机 380 架，最终，1500 架德机葬身在英国的土地上和茫茫的大海中。

英军的机载雷达和美军的舰载雷达，在反击德国海军的大规模潜艇战中，也发挥了重要作用。德国海军司令邓尼茨是“潜艇制胜论”的鼓吹者，他指挥德国潜艇部队，采用“狼群战术”，使英美海军和商船吃了不少苦头。德国潜艇采取白天下潜，夜晚浮出水面为潜艇充电的办法，来逃避英美水面舰只和飞机的攻击。但是，雷达扭转了局势，黑夜对德国潜艇再也不是安全的了。德国潜艇没有雷达，而英军的机载雷达和美军的舰载雷达，在很远的距离上发现浮上水面的潜艇。并通知猎潜兵力出动，当德国潜艇肉眼发现向他们攻来的敌军飞机和舰艇时，再想下潜已经来不及了。潜艇自身的防御能力是极差的，只有等着挨打的份儿了。这使德国损失了大约 200 艘潜艇。

雷达的出现，使得双方的军事行动，特别是空中行动受到极大的影响。于是，各种干扰雷达的措施很快发展起来。与此同时，各种针对性极强的抗干扰措施也毫不逊色地得到发展。

干扰和抗干扰成了现代战争中一个极为重要的领域，逐步发展成所谓的“电子战”。

箔条飘洒，雷达迷茫

1943 年 7 月 25 日，天空被夜色笼罩后，746 架英国轰炸机满载炸弹和成千上万个特制的盒子，先后飞离了机场。当飞机临近德国北部重要工业能源中心城市汉堡上空时，英军监听站收到德军地面电台和空中飞行员慌乱的呼叫声："请指示我的方位！请指示我的方位！敌轰炸机在哪里？敌轰炸机在哪里？""我不能指挥你了，你在没有地面指挥引导的情况下作战吧！……"究竟发生了什么事情呢？原来是英国研制的一种消极干扰器材——金属箔条首次投入实战。当英国飞机即将飞临德军火力范围时，他们将250万盒装有铝箔条的干扰物投放出机舱，让其自由地飘洒在空中，形成了一片片干扰屏障。这些箔条对电磁波有较强的反射作用，使德军的地面与机载雷达达到了饱和状态，荧光屏上一片迷茫，根本无法指挥飞机作战，难怪德军空地无线电通讯中一片混乱。由于这一新式电子干扰武器的运用，在轰炸汉堡的战斗中，英军的746架轰炸机只损失了12架。

俗话说，熟能生巧。英军在箔条干扰取得效果之后，在使用手段上又有了新的发展。佩涅明德是德军的一个火箭中心，平时戒备森严。要对它进行一次空袭，势必要付出不小的代价。英军经过周密策划后，于1943年8月27日夜，先以8架战斗机向柏林方向飞去，并投放了大量的干扰箔条，模拟大机群空袭柏林。德军为了避免汉堡的悲剧在柏林重演，赶快将本土与荷兰境内许多机场的歼击机调往柏林方向，准备进行大规模空中战斗。英国轰炸机几乎没有遭到任何抵抗，就顺利摧毁了目标，当德国人发现上当后，佩涅明德火箭研究与发射中心已成为一片火海。

空中警卫队——空中护航

歼击航空兵执行护航任务实施空中护航，护航飞机与被护送飞机通常分别从不同机场起飞，而后进行空中会合，在空中指挥员的统一指挥下，飞向战区。护航的飞机位置一般在敌机可能来袭方向的外围，随时准备歼灭接近被护送飞机的敌机。

巧施佯动，登陆成功

第二次世界大战末期，电子对抗已经得到了综合的运用，到1944年，美英联军为开辟反法西斯第二战场而遂行的登陆作战中，已经同时使用了多种电子对抗手段，取得了惊人的效果。1944年6月6日清晨，法国北部沿海诺曼底地区一片宁静，习习晨风轻拂着碧波荡漾的海面，三五成群的德军士兵悠闲地漫步在海滩上，指挥官们大都到远离海滩的地方执行任务去了。这些气氛告诉人们：这里是不会有什么战争的。然而，几个小时之后，美英联军一支巨大的登陆舰队突然打破了这里的安静，2000多艘舰只，17.6万人的军队和两万辆军车突然登陆，一时间天上飞机轰鸣，海面上舰艇成群，盟军的士兵在钢铁的伴随下，铺天盖地而来，诺曼底从此走入著名的战史画卷，这里是人类历史上最大的一次登陆战役的主战场。

数十万大军的集结行动能够隐蔽得如此成功，这是盟军电子战的光辉战绩。

盟军制定了一个复杂的欺骗计划，使用了一切可以使用的手段。电子战就是其中的主体。盟军电子战的主要措施如下。

部队的一切真实调动，使用了全新的密码和通信方式。而原用的呼号、频率和常用暗语等交给了新组织起来“无线电伴动队”继续“正常”使用。

在加来地区对面的英国港口多佛尔，“组建”了并不存在的美军第一集团军司令部，并任命著名的美国名将巴顿将军担任司令。大量的电报往来，证明着第一集团军的“紧张活动”。

美国的海军汽艇上安装了回答式干扰机，破坏德军的通信联络，并扰乱其战斗机夜间进入作战地区的活动。与此同时，在多佛尔、奥维尔、福克斯等港口和泰晤士河口，精心设计和构筑了假码头，并把电影厂的布景、道具拿来，在适当地点制作了假仓库、假医院、假兵营、假飞机、假坦克，这是专门供德国侦察机空中拍摄用的。

汽艇拖着装有雷达波反射器的气球和装着大量铝箔条的

飞机一起，在大西洋上“制造”出两支庞大的“盟军舰队”，当这两支幽灵舰队驶向加来地区时，希特勒收到沿海各雷达站的报告：“发现敌大批舰队向加来方向集结”。

最妙的是，盟军在加强电子欺骗的同时，还导演了一出活剧。一个相貌酷似英国登陆部队司令官蒙哥马利的中尉杰姆士，经过短期训练，于5月5日乘首相专机飞往直布罗陀和阿尔及尔。杰姆士的表演是如此成功，连直布罗陀的总督都被瞒过了。希特勒派了两名得力间谍去探虚实，他们发回的情报是：蒙哥马利此行的重要使命是编组英美联军，可能向德国北部登陆。

盟军电子战和其他一切伪装欺骗行动的“战果”是，德军的90个师被吸引到远离诺曼底的加来地区，其中包括原在诺曼底地区的2个坦克师和6个步兵师，从而大大减轻了登陆部队的压力。

1944年6月6日，登陆行动开始了，2700架飞机从夜间开始连续轰炸了登陆地域附近的德军海岸炮阵地和防御工事，凌晨，2000多艘各类舰只浩浩荡荡地向登陆地域挺进。这时希特勒和德军统帅部两眼仍紧紧盯着加来地区对面的多佛尔。当一部德军雷达发现了正在逼近的盟军舰队时，竟被认为“纯属无稽之谈”，而置之不理。直到德军电台侦听到盟军在换乘区发出的互相联络的信号时，德军统帅部才发现中了盟军的圈套。但为时已晚，希特勒无论怎样暴跳如雷也无济于事了。盟军只以6艘舰船和不到千分之三的兵力损失，就取得了诺曼底登陆战役的胜利。

急诊救护——空中救援

空中救援活动始于1870年普法战争。普鲁士军队包围了巴黎之后，法国军队利用热气球成功地把160余名伤员撤出了包围圈。战后，随着空中救援技术设备的发展和空中救援组织的不断完善，空中救援范围将进一步扩大，救援效率将会显著提高。

这是世界上第一次综合利用电子战取得战役性巨大胜利的典范。

依靠干扰，扭转残局

第二次世界大战结束后，电子战的理论研究与技术试验等工作，仍在各国秘密而紧张地进行着。在越南战争和第四次中东战争中，电子战在军事上得到了更加广泛的运用，新的对抗设备和技术层出不穷。特别是新式导弹的出现和火控雷达的广泛运用，使斗争的手段更加复杂。20 世纪 60 年代初，美国侵越战争中，美军依仗强大的空中优势，制定了一系列空袭北越的作战计划，但是，他们的空袭计划只注意了对付越南北方的警戒雷达，而对火控雷达的制导系统却缺少有效的对抗措施，致使越南北方的高炮和萨姆 -2 型地空导弹发挥了很大作用，美国轰炸机因此也遭到严重的损失。

1965 年 7 月 24 日，一批美军 F-4 型战斗轰炸机编队向越南北方袭来。这是美军在越南战争中投入战场的当时最先进的重型战斗机，它装有空对空导弹 4 ～ 6 枚，20 毫米多管自动炮 1 门，可挂载 7 吨炸弹，既能空战又可对地实施攻击。可惜这种飞机有一个致命的弱点——对火控雷达缺少有效的电子对抗手段。当这批飞机飞临空战区域时，只见地面火光闪闪，一枚枚萨姆 -2 型防空导弹在制导雷达的控制下，风驰电掣般地直冲机群而来。尽管飞行员使尽了浑身解数，施展了飞机的全部机动性能，也没有能避开萨姆 -2 导弹的跟踪追击。不少飞机被击毁击伤。后来，越南北方又陆续引进一批火控武器，先后组建了 60 多个萨姆 -2 型导弹阵地，使美国空军处于被动地位。事隔不久，美空军就研制出电子干扰吊舱，专门用于干扰萨姆 -2 导弹的制导雷达和苏制米格式飞机上的截击雷达。美国海军的 A-6 型攻击机也装备了欺骗干扰机。同时，美军还相继研制成 EF-10B 和 EB-66 电子对抗飞机，用于干扰越方各型雷达，掩护大编队机群的空袭。这些新技术装备的使用，开始扭转了美国空军的被动局面。1972 年秋，被称为美、越交战以来最残酷的空战期，美军恢复了对河内、海防等城市目标的轰炸，这是大规模进攻和大规模防御之间发生的一场大规模的电子对抗战。由于美军采取了综合的电子对抗措施，使越南的防空体系失去了原有的本领，作战效果大大降低。据统计，这一时期美军共出动了 B-52 型轰炸机 714 架，越南发射了约 1000 枚防空导弹，只击落 15 架美机。

"百舌鸟"参战，雷达遭灾

1972 年 4 月 13 日，越南北方某高射炮部队接到警戒雷达站的报告，距离 30 千米，发现美机四架，阵地上顿时紧张起来，炮瞄雷达和几十门火炮一齐转动，紧紧盯住了敌机，炮手们正在屏住呼吸等待着开火的命令时，"轰"的一声巨响，震得整个炮阵地栗栗颤抖，接踵而至的数枚导弹直接击中了阵地上的炮瞄雷达和高炮。这是美机发射的专门对付雷达的"百舌鸟"导弹。当飞机被敌方地面火控雷达跟踪后，射向飞机的雷达波束就成了"百舌鸟"寻找袭击对象的向导，在一定的距离上，导弹离开飞机沿着雷达波束飞向目标。

"百舌鸟"是美军的第一代空对地反雷达导弹，1961 年开始研制，1964 年装备部队。"百舌鸟"投入实战后，使越南的地面火控雷达蒙受了很大损失。面对这种情况，越军一时束手无策，只好在雷达操作技术上想办法。如：推迟开机时间，大幅度甩摆天线，断续开机，多站配置轮流开机等等，这些措施虽然也收到一些效果，但没有从根本上解决电子对抗的问题。越南战争后期和战后，美军又多次改进"百舌鸟"导弹的性能，并研制出名为"标准"的新型反雷达导弹，上面增加了"记忆"装置，即在雷达关机后仍能准确无误地自动导向目标。

1973年10月6日，以色列的士兵们正在饥肠辘辘地做赎罪日的斋戒。下午2时许，埃及和叙利亚空军的轰炸机对以军控制的西奈半岛和戈兰高地上的重要目标实施了突然袭击。毫无戒备的以色列空军，乱哄哄地忙了半个多小时，才空着肚皮爬进飞机，按照上司命令分两路前去对埃及和叙利亚实行报复性轰炸。快到目标上空时，忽听得轰隆一声巨响，一架鬼怪式飞机被埃及的地空导弹击中了。其他以军飞行员们顿时紧张起来，惊恐之余，他们又觉得十分奇怪，在受到导弹攻击之前，为什么飞机上的电子预警设备失灵了呢？原来，第三次中东战争中，以军在作战飞机上装上了一种美国人生产研制的机载电子预警装置，一旦飞机被阿拉伯国家的萨姆-2或萨姆-3导弹捕捉跟踪，这种电子预警装置便会自动向飞行员报警，并同时引导干扰机对导弹制导雷达实施干扰，使导弹无法击中目标。这种电子预警装置在当时确实起了很大的作用。可是，阿拉伯人接受了教训，在苏联军事电子专家的帮助下，很快将苏军研制成的一种采用新的工作频率和多种制导方式的萨姆-6导弹，秘密地补充到埃及和叙利亚的防空导弹火力配系中去。以军对此一无所知，仍拿对付萨姆-2的方法来对付萨姆-6，怎能不吃苦头呢？仅仅一周，以色列人竟然损失了78架飞机。面对这种困境，美国火速派专家到以色列研究对策。他们发射了侦察卫星，并派无人驾驶飞机飞临埃及绵密的防空导弹网上空，企图诱使萨姆-6导弹发射，以便测出它的工作频率和制导方式，但收效甚微，始终没有搞出新的干扰设备。后来只好从美国紧急空运5万箱干扰丝，并再次启用

百舌鸟反辐射导弹

“百舌鸟”和“标准”反雷达导弹，才使飞机的损失率有所下降。萨姆-6防空导弹在第四次中东战争中由于能够有效地对抗以色列空军的电子预警装置，因此在战争中大显身手，并取得了丰硕的战果。

“外科手术式”空中作战中的电子斗争

1986年4月15日凌晨，美军对利比亚成功地进行了一次“外科手术式”的空中袭击。整个空袭共持续了18分钟。摧毁了预定的军事目标，圆满地完成了任务。这次空袭作战，行动之突然、战术之巧妙、组织之严密暂且不于此做深广的评论，仅就这次“外科手术式”空中作战行动中的电子干扰就够世人瞩目，拍手叫绝了。

4月14日晚19时许，驻扎在英国空军基地的美国空军F-111F战斗轰炸机24架和EF-111A型电子干扰机5架以及30架大型空中加油机分别从英国的四个空军基地起飞，在空中加油机的支援下，绕道大西洋、穿过直布罗陀海峡进入地中海，遂行对利比亚实施远程奔袭的作战任务。在利比亚以北200海里（1海里=1852米）以外的地中海上空完成了与美军第6舰队海军航空兵60余架飞机的协调后，准备突击。

为保障空袭作战的顺利进行，美军组织了有效的电子压

EA-6B 电子干扰机

制，在突击编队突击主要目标前即1点56分，美军战术航空兵从英国长途奔袭而来的4架EF-111A和海军航空兵的14架EA-6B电子干扰机，在E-2C空中预警指挥飞机的指挥控制下，对利比亚沿岸的指挥、控制、通信和情报系统进行了从海面、陆地到空中全方位的积极的电子干扰，使其指挥失灵、武器失控、情报闭塞、雷达迷盲。在电子干扰机实施强大电子干扰的同时，美军海军航空兵的A-7E和F/A-18发射了反辐射空对地导弹压制利比亚的防空警戒雷达和地空导弹阵地，为突击编队创造了有利的攻击条件。随之而来的是猛烈的突击编队对五个地面目标的空袭。全部袭击于2点14分结束，共持续了18分钟，投弹100余吨，摧毁利比亚5座雷达站和5个地空导弹阵地以及预定的5个大型目标共计15个。由于大规模实施了电子干扰，保证了美军作战指挥和武器控制系统警惕地监视着战场之内及周围地域、海域、空域中的全部情况。EF-111A和EA-6B飞机上都装有10部积极电子干扰机，干扰频率覆盖了利比亚所有的通信系统和雷达设施。当袭击一开始。利比亚从指挥神经中枢到由雷达制导的防空兵器都遭到了严重的干扰，不能有效地组织对空防御，许多地面防空兵器只能盲目地对空射击。美军参加空袭的飞行员事后说："利比亚地空导弹是直上直下地进行射击的，所以很难击中目标。"由此也可见，美军电子压制强度之大和效率之高。外国军事评论家认为：这次美利之战实际上是一次电子技术的较量，美军电子战的强大威力，为袭击成功提供了可靠的保障。电子战为这次外科手术式的作战添光增彩。

封闭管理——空中封锁区

空中封锁区是指使用兵力、火力等手段控制某一空间范围。目的是不让敌人通过或切断敌对外联系。

实施空中封锁范围的大小、封锁时间的长短、使用兵力的规模和封锁的程度等，受政治、外交、军事力量、国际公法等制约，由国家和最高军事决策层来确定。按规模可分为战略、战役和战术封锁区。

海湾战争中的电子战补遗

海湾战争中的电子战也许是迄今为止规模最大、技术最先进、效果最好的一次作战实践了。仅电子战而言，似乎可以区分为：电子侦察、电子干扰、电子设施摧毁与电子反侦察、反干扰、反摧毁。

我们在“沙漠盾牌”一节中介绍过多国部队采用的电子侦察手段，包括数十架预警飞机和50颗各类卫星，为多国部队提供了他们所需要的几乎一切有关伊拉克军队的部署和行动方面的情报。应该说，这种种电子侦察措施部署之绵密、监控之细微，确为多国部队提供了良好的作战保障。

在战争中，多国部队还实施了代号为“白雾”的电子干扰作战。美军使用地面电子干扰站和舰载大功率发射机以及电子干扰飞机对伊军的警戒、通信、指挥系统实施全面的压制性的干扰。多国部队使用的各种新型电子干扰设备型号多、种类全、用途广、频段宽、功率大、对抗性强，具有很强的干扰能力。多国部队运用这些设备实施空中干扰和地面、海面干扰相结合，有源干扰与无源干扰相结合、主动式干扰与被动式干扰相结合、远距离干扰、近距离干扰与伴随式干扰相结合。使伊军的雷达屏幕上经常是一片“白雾”，通信联络无法正常进行，甚至广播电台的播音都经常淹没在一片刺耳的噪声之中。

除此之外，多国部队还对伊军的电子设施用多种手段予以摧毁。大量使用飞机和反雷达导弹，对伊军雷达实施了猛烈的突击。“沙漠风暴”行动开始后4小时，伊军前沿的100部警戒雷达只剩下15部还能勉强使用；开战两周之后，伊军的200部导弹控制雷达全部被摧毁。这就使得伊军的歼击机得不到地面指挥所的引导和指挥，只能漫无目标地在空中盘旋，不但一无战绩，反而被击落多架。伊军的防空导弹由于失去了制导手段，只能被迫当“高射炮”用，在敌机可能来袭航线上进行拦阻射击，其效果之差可想而知。美军的一名飞行员说，他曾在伊南部上空同时遭到6枚地空导弹袭击，但却安然无恙。

电子技术还在飞速发展，未来战争中的电子战将由未来战争去实践、去撰写。未来的电子战究竟会是个什么样子？谁都很难预测得十分准确，但有一点是明确的，未来的电子战必定会更加激烈，设备更加先进，对抗手段更加巧妙，电子战将充斥于陆地、空中和海洋的多维战场，充斥于战争的每一个阶段。谁取得电子战的优势，谁将有益于赢得整个战争。

高射炮兵打仗的方法——高射炮兵战术

第二次世界大战中，经过战役规模的要地防空作战，形成了以混合使用各种不同口径的高射炮、构成环形的纵深梯次配置，与歼击航空兵密切协同，实施统一的集中指挥。

中国人民解放军空军高射炮兵，采取要地设防和机动作战相结合，针对敌机低空、快速、机动等特点，提出“以快制快”战术，先后击落敌机57架，保卫了重要目标和基地。

“老天爷保佑”——气象与军事

从古至今，军事家们凭借战争舞台导演了一幕幕威武雄壮的戏剧。在这些戏剧中，有一个非常重要的角色，它有时与你结盟有时又转而与你为敌。由于它的存在，不仅增加了战争的戏剧色彩，而且时时影响着战争的进程，有时甚至直接影响战争的胜败。它就是与我们朝夕相处的，每时每刻都在变化着的天气。风云雷电、雨雪冰雹、冷热干湿、阴晴雾霾等发生在大气中的自然现象就叫做气象。

气象与军事之间有着非常密切的关系。古今中外的军事家，都十分重视研究气象问题。我国古代军事家就把“天时、地利、人和”作为取得战争胜利的三个必要条件。三国时期，诸葛亮“借东风”火烧赤壁的故事，就是利用气象条件去战胜敌人的实例。现代战争更是如此，现代战争往往是诸军兵种协同作战，战区辽阔，战线深远，各种兵器和技术装备十分复杂，这就对作战中的气象保障提出了更高的要求。直接把天气与作战连为一体的气象武器和气象战被推上了战争舞台，使得本来就很复杂的自然现象更加复杂。可以这样说，要取得战争胜利，不仅要知己知彼，而且要知天知地。所以学习和掌握气象知识，了解、熟悉天气对作战的影响，善于运用气象条件，趋利避害、组织指挥作战，则是军事家必须掌握的一门艺术。

古今中外，万千战事，由于气象的原因影响战争胜败的例子，屡见不鲜。

公元前 202 年，项羽的楚军在安徽灵璧东泗水把汉军围了里三层外三层，正待发兵收拢进攻汉军时，恰遇西北大风，顷刻间，飞沙走石狂风怒号，“折木拔屋、白昼顿成晦暗”。楚兵大乱，刘邦乘机突围而出。

1945年8月9日，美国对日本投放第二颗原子弹，由于天气预报不准确，致使B-29飞机到了目标区上空后，发现云很多，不能目视轰炸，只好转飞长崎，勉强利用云缝，瞄准山谷中的一条跑道，扔下原子弹。效果自然比投放在广岛市的要差许多。

1947年8月8日夜，我刘邓大军南下途中决定在黄河三门峡渡河。此时连天大雨，河水猛涨。我军乘浪大声喧，登舟起渡，仅半小时就突破了黄河天险。

正因为气象条件对军事活动有如此重大的影响，所以军事气象学成了军事领域中一门科学，各个国家的军队都设立了专门的气象机构。早在1933年，希特勒上台不久，就发布“国家气象命令”，统一全德气象工作，成立了国家气象学校，培养了气象技术人员，建立了军事气象的完整体系。美国仅就陆军而言，除编成了12个气象联队外，各兵种还设有气象研究所和试验场地。而今，“人工制造气象”乃至气象武器，已成为热门的研究项目。

空降兵打仗的方法——空降兵战术

空降兵战术就是空降兵部队乘载飞行器空降到敌人侧翼、后方实施突击的战斗方法。

空降兵战术，萌芽于第一次世界大战期间。开始以小分队空降到敌后进行侦察、破坏、袭扰性战斗等活动。而后空降兵的正式组建，空降兵战术有了较大的发展。

他们输给了暴风雪

1812年初冬，叱咤风云的拿破仑率领法国军队攻入莫斯科，使他的军事生涯达到了辉煌的顶峰，几乎整个欧洲都已俯伏在他的脚下。可是俄罗斯的冰雪严寒出来与拿破仑作对了。比常年早来临的大寒流突然向毫无准备的法军将士袭来。这时足智多谋的拿破仑也无计可施，只好撤出莫斯科，撤出俄罗斯。在漫长的撤退途中，这支征服了整个欧洲的远征军，天天都有数千兵马被冻毙在风雪路上。

时过129年，1941年11月，正当纳粹德国的百万大军兵临莫斯科城下的时候，零下四五十度的奇寒，将单衣薄履的德军成批成批地冻僵在莫斯科郊外的雪地里。汽车、坦克和装甲车的发动机转不起来了，士兵的枪栓也被冻油卡死，拉不动了，严寒瓦解了德军的战斗力，希特勒占领莫斯科灭亡苏联的美梦，被无情的漫天风雪吹得无影无踪。

严寒也并不总是偏袒俄罗斯。1939年11月苏军发动了对芬兰的战争。面对强悍的苏军，芬兰人充分发挥了他们惯于在冰雪严寒地区作战的特长。当苏军两个机械化师成行军纵队，通过芬兰冰雪覆盖的森林地区时，雪深没膝，奇寒彻骨，重装备已派不上用场。正在此时，由当地伐木工人组成的芬兰滑雪作战分队像白色的闪电一样，从茫茫林海雪原中冲杀出来，将苏军纵队截为若干段，分割包围，各个歼灭。

1982年英阿马岛战争中，英军登陆部队的突击队员都是刚刚从北极圈附近的训练基地调回的冬训部队。马尔维纳斯群岛的五六月份，气温在零下20℃左右，阿军对此极不适应，英军却是习以为常，因此英军取得了胜利，除了别的因素之外，严寒也在为英军助战。

严寒可以冻结江河、沼泽，便于机械化部队通过，暴风雪能够隐蔽行动企图，有助于达成隐蔽突击；积雪可以增强核武器的杀伤作用。越是恶劣气候越是作战的良好时机。为了适应冰雪严寒地区的作战需要，各国在研制武器装备时，充分考虑到寒区使用的特点，保证低温之下照常能发挥其应有的性能。

有人说，拿破仑输给了暴风雪，希特勒输给了冰雪严寒，这当然不尽全面。冰雪严寒是公正的。战争中，冰雪严寒为谁助战，完全取决于交战双方对严寒的适应能力和巧妙利用，这一点，在战争的天平中是丝毫含糊不得的。

气球炸弹

直到18世纪80年代，记述人类战争的笔墨始终停留在陆地和海洋上，天空依然是和平与安宁的。然而，1783年11月21日，从巴黎郊区飘起的那只载人自由飘飞的热气球，将战争的阴影残酷地投向了和平的天空。一对平凡的名叫蒙特格菲尔的法国兄弟，写下了航空史和空中作战史上重要的一笔。气球也可以参战了，气球也被用于执行军事任务了。

1942年秋，日本军事气象学家荒川秀俊受海军之邀，出差南洋，受到美机袭击，存心报复，就通过日本中央气象台台长向大本营提出气球炸弹建议。即利用定高气球，乘高空偏西风带，把燃烧弹等飘放到美国去。日本官方采用了这一建议，进行了大量的有关气象条件的研究工作。先是海军、陆军合用，后来陆军则单独干。“动员”学生制作“风船”，使用定时装置，携带燃烧弹顺着高空西风带两三天飘移到美国后，就掉下来。从1944年11月—1945年4月共放气球约9000个。据美国统计，到达美国的至少有287个。

气球到达美国后，由于燃烧弹爆炸，常引起森林失火。开始时，美国不知道“火源”从何而来，经气象部门研究后，才知道原委真相。因此美国费尽心思地管制情报，专门加强森林防火的天气预报。为了防止森林失火，还派了大批妇女去昼夜守护。

日军为了掩盖其罪行，投降时，下令把有关气球炸弹的资料烧毁。但据荒川秀俊战后供称：不仅如此。当时日军设在我国东北的“陆军兽医研究所”，甚至曾秘密研究用气球携带细菌，飘放到苏联亚洲滨海地区。大概是反法西斯战争的迅速胜利，才使得日本战争狂人的这一丧心病狂的计划未能实现吧。

气球防空

1940年7月至1941年5月，英国在“不列颠之战”中，为弥补防空作战兵力不足的弱点，曾大量使用过阻拦气球，实施防空作战。他们生产了2000多个气球装备防空部队用来加强重点地区、重要军事目标的对空防御。这些体积庞大的阻拦气球，底部用细钢丝索牵住，放飞在目标区1000米以下的空域中，组成一道道花团锦簇般的拦阻线。那时双方装备的都是低速螺旋桨式飞机，投弹瞄准设备也比较原始，要想提高命中率，只有降低投弹高度，甚至采取俯冲轰炸的办法。敌机若贸然闯进这气球组成的防线内，飞旋着的螺旋桨叶会被破碎的气球套住，无法维持正常飞行状态而坠毁，敌机若撞到气球的牵引钢索上则会更惨。敌机要避开阻拦气球，势必要升高飞行高度，进行水平轰炸，从而大大影响其投弹的命中率。为了使气球部队便于机动和缩短施放时间，英军把气球钢索的另一端系在卡车上，需要移动时，将气球收回距地面数米高，然后开车快速到达指定设防区，像放风筝一样再将这些气球施放到德空军可能来袭的方向上，构成一道道摇摆不定的防空障碍物，减少了地面目标的损失，大大弥补了歼击机不足的缺陷。阻拦气球为英国的反空袭作战立下了汗马功劳。

来自空中的帮助——空中支援

空军航空兵部队为配合陆军、海军部队作战而实施的各种支援行动。

空中支援开始于1911年的意大利、土耳其战争。最初是使用飞机实施侦察和为地面炮兵校正射击，后来以投弹和射击对地面目标实施攻击，支援地面军队的作战。

气球侦察

1973年仲夏的一天下午，胶东半岛我人民空军某机场的指挥所里拉响紧急战斗起飞警报，随着两颗绿色信号弹升起，两架银灰色的超音速战斗机呼啸着直插蓝天。按照地面无线电的指挥，战斗机迅速爬升至8000米，开始搜索并接近目标。雨后的天空湛蓝无比，在蓝天背影之下，有两个白色的飘移物在缓缓地从东南向西北移动。这是蒋军施放的两个侦察气球，飞行员在指挥所的引导下，迅速发现了目标，遂驾机占领有利位置，将其击落。数秒钟之后，“砰、砰、砰”的射击声才传回地面。凯旋的飞行员驾机着陆后，才发现几大块气球碎片贴在了左右机翼前缘上。

侦察气球可以在预定高度上，借助高空风对预定的作战地域进行侦察。气球下携带的无线电侦察器材在侦察地面目标的过程中随时将情报传递回地面接收站，因此，使用各种手段消灭敌方的侦察气球，是国土防空和战场防空的重要任务之一。

早在第一次世界大战前，气球就被用于执行空中侦察任务。1794年，法国军队建立了世界上第一支军事气球部队，这支部队的主要任务就是执行战场侦察。1796年6月26日，法军在弗勒鲁斯战役中，利用系留气球载人，对敌军的阵地进行了目视空中侦察，保障了法军取得战役的胜利。这也是气球首次用于军事目的。随着科学技术的发展，高科技的侦察器材和技术，使现代气球侦察不受地形、天候、高度和地面各种伪装的影响，使这种古老的侦察手段，获得了新的生命，在军事行动中发挥了更大的作用。

除此之外，气球还被广泛地运用于执行其他各项军事任务，例如，使用空飘气球抛洒传单，实施心理战，瓦解敌国抵抗意志，或震慑

电波中的战斗——电子战

第二次世界大战后，光电技术获得了飞速发展，空军电子对抗的电磁频谱由无线电波段扩展到光波波段，电子战已发展成为一种重要的作战手段。

未来作战中，电子信号密度大，威胁种类多，反应时间短，作战双方必将运用多种电子战手段，限制和剥夺对方控制、使用电磁频谱的自由，保证己方武器系统充分发挥效能。

敌军；放出载有气象探测仪器的探空气球，就可随时掌握2000米以下各个高度的气象实况从而保障空军和导弹部队的作战、训练、演习等。

一份决定命运的气象预报

1944年6月4日，是盟军最高统帅部历史上最不平凡的一天。盟军集中45个师，一万多架飞机，各型舰船几千艘，即将开始酝酿已久的诺曼底登陆作战，代号为“霸王”计划。就在这箭上弦、刀出鞘的时候，在大西洋上巡弋的气象船和气象飞机发来了令人沮丧的消息：今后三天英吉利海峡将在低压槽控制下，舰船出航十分危险。盟军统帅艾森豪威尔将军面对风急浪高的海峡一筹莫展，不得不把进攻时间推迟。盟军司令部里的空气显得异常压抑。各军兵种的高级军官都知道，登陆战役发起的“D”日，对气象、天文、潮汐这三种自然因素有着苛刻的要求：换乘海域不能有飓风恶浪；第一波登陆船队要能赶上涨潮；满潮前要有月光以保证航空兵能识别目标。据分析，1944年的6月份，能够同时满足上述条件的天气，只有几天时间，月相和潮汐将迫使他们在行动时间的安排上作根本的改变，“霸王”计划将成为泡影。

就在大家几乎陷于绝望的时候，盟军联合气象组负责人，气象学家斯塔格提出了一份预报。他指出，有一个冷峰正在向英吉利海峡移动，而在冷峰过去和低压槽到来之前，可能会出现一段较好的天气。根据预测，这一天可能是6月6日。这一预报，使盟军司令部里那种愁眉苦脸气氛一扫而光。很显然，这是一份决定诺曼底登陆战役命运的气象预报。当晚，气象联合小组对6日的天气又作了一次较为详细的预报：上午晴，夜间转阴。这种天气虽不很理想，但起码满足了登陆的基本条件，对于“霸王”计划来说，已属于求之不得的好天气了。兵家最忌犹豫不决，举棋不定，面对着确实的天气预报，绝不能再放弃这仅有的机会，盟军统帅艾森豪威尔将军当即拍板定案：“我们必须下这道命令……我并不想这样做，但非这样做不可……。”就这样，6月6日被定为登陆战役的发起进攻日。做出这一决定，是不计后果的孤注一掷吗？不是，这是综合考虑了条件、可能、得失之后作出的理智的选择，不可更改的历史事实是，这次登陆战役把德国人打了个措手不及。

要说德军对美英联军这样大规模登陆的计划一无所知，那也并非实事求是。从1944年初德军在东线遭到惨败以后，他们就已预感到西线的打击正在悄然迫近，因而从战场和兵力部署上做了拼死防守和一举歼灭美英登陆部队的打算。可惜，就是在气象这个问题上，最终使这一切都成为落花流水。盟军在进攻发起之前的几个小时，曾破译了一份德军的天气预报：“从目前的月相和潮汐来看，恶劣的天气形势还将在英吉利海峡持续下去。”正是这份不高明的预报，使德军西线司令官隆美尔认为，盟军根本不可能在最近组织登陆战役。正因为如此，他才于6月5日清晨和他的副官一起回德国本土为其妻子过生日。临走时他还交代：“部队长期处于紧张戒备状态，目前气候恶劣，可以考虑休整一下。”由于气象预报的原因，那些本来能够提前发现进攻舰队的空中和海上警戒被取消了，盟军的扫雷舰队已经驶到了肉眼可见的距离，德军竟然没有一个人报告……

气象和战争有着不解之缘，天时的争夺和利用，历来就是战争胜利的一个重要组成部分。气象预报准与不准，常常对司令官能否正确判断情况、定下决心以极大的影响。

风与军事行动

风，这种因气压分布不均而产生空气流动的自然现象，每时每刻都与世间万物的生存、成长密切相关，特别值得一提的是风对军事行动的影响很大。

《孙子兵法·火攻篇》中写道：“火发上风无攻下风。昼风久，夜风止。”《孙膑兵法·地葆》一篇论述：“八风将来，必勿忘也”。看来，掌握风的变化规律，是赢得战争胜利的重要条件之一。战争史上，借风之力而成大功者颇多。汉将卫青与匈奴军在汉北作战，汉兵五千，对匈奴兵一万，敌优我劣。卫青乘风沙扑面，两军对面不能相见之机，指挥军队从两翼迂回，匈奴军不知虚实、首尾难顾，顷刻大败。三国时期的诸葛亮，在著名的赤壁之战中，也是借助风力，使火势与风向相辅相成，从而使曹操的连环战船在大风大火中化为灰烬。历史上不识风情，受风之害的，也不乏其例。元世祖忽必烈，由于没有掌握日本海季风特点就贸然发兵。第一次侵日，900艘战船被风袭沉了200艘，幸存者慌乱回逃。第二次侵日，4400艘战船全部被台风袭沉，14万大军仅有三人得生。近代战争史上用风助战的例子更多。第一次世界大战中，德军利用较稳定的西北风对法军施放毒气，毒气在风的作用下扩散25千米，使法军损失很大。4天后，德军又照旧施放毒气，由于风向突变，反而使德军自己大受毒气杀伤之苦。1955年1月，盘踞在浙东大陈岛港内的蒋军海军舰队，对我军解放一江山岛是一较大障碍，我们早就想将其歼灭。但他们清晨出港，天黑返回，使我航空兵很难抓住他们。1月8日晚上北方冷空气南下，沿海有7～8级偏北大风，10日天晴，风仍很大，蒋军十余艘舰艇不能出港。我军航空兵抓住这一良好战机，迎风出动轰炸机，强击机76架轰炸大陈岛港，炸沉“中权号”坦克登陆舰一艘、炸伤各类舰艇五

空中肉搏战——近距空战

近距空战的距离，通常是10千米以内的目标。高技术条件下的战斗机都具有多种空战功能。首先与对手进行超视距空战，当突破中远距后，则与对手进行近距空战。在现代条件下近距空战的主要武器是近距格斗导弹，最后才是航炮的攻击。

艘，重创蒋军舰队。在科学技术高度发展的现代战场上，风向、风力等因素与作战行动的关系则更为密切。飞机不明风云就难以展翅，舰艇不知风情就难以巡航，炮兵不精确测风就难以打准，就是我们习惯说的“风雨无阻”的步兵，不辨风势也难以顺利完成任务。如：部队机动，顺风增速逆风减速，战场观察顺风视野远，逆风眼界窄，战场掩护，不精确计算、迷盲射击和施放烟幕就难奏效，各种枪弹和炮弹在运行中也要受到风的影响。风对原子武器、生物武器和化学武器的使用效果影响更大，当风向与核爆炸冲击波传播方向一致时，动压增加，破坏力加大，而风速越大，破坏力也越大，反之破坏力就小。可以预见，在未来战争中，“万事俱备，只欠东风”的情况，将会经常遇到。指挥员要想取得作战胜利，就要借风利，避风害。掌握作战地区的风向、风力以及各种季节、时间的来风规律，并由此设计出破敌之法，做到“好舵能使八面风”，使得指挥艺术百尺竿头更进一步。

太阳光在作战中的妙用

太阳是人类万物都能够享受到的，赖以生存的大自然的恩赐。阳光有时灿烂如霞，有时炎炎如火，有时光茫四射，有时融融如拂。但你可曾想到，太阳光在军事行动上有过一些惊人的巧妙之用。

1982 年 6 月 9 日，以色列和叙利亚在他们共同的邻国领土上交战，爆发了黎巴嫩战争，以色列出动飞机近一百架，仅用 6 分钟，一举将叙利亚部署在黎巴嫩贝卡谷地的 19 座萨姆 -6 地空导弹阵地全部摧毁。这次作战成功的因素很多，巧妙地利用太阳光，就是其中之一。这一天，以色列空军把攻击时机选择在下午 2 点 14 分，这时担任攻击任务的 F-4 飞机，正是背向太阳，地面目标反差效果最好，飞行员视野清晰，易于寻找、识别目标。飞机所挂载的电视制导空地导弹或电视制导滑翔炸弹上的导引头，也容易捕获和瞄准目标，从而能精确引导、控制导弹或炸弹的飞行。这个时候也有利于从南面进入目标区的无人驾驶侦察飞机摄取并传送实战情况。与此相反，耀眼夺目的太阳光，使叙利亚地面防空人员很难用肉眼发现或瞄准来袭的飞机，也使地面的制导电视、雷达和光学探测器在对向太阳时产生丢失目标的现象，还使苏制的萨姆-7肩射地对空导弹或机载空对空导弹的红外导引头“致盲”。

其实，空战中巧妙而成功地利用太阳光的例子，不只这一次，1981年6月7日，以色列出动八架F-16和六架F-15飞机，飞越沙特阿拉伯和约旦，突然出现在伊拉克首都巴格达东南约20千米的地方，从西向东，背着太阳光进行攻击轰炸，仅用约2分钟时间，就彻底摧毁了这里的一座生产能力为70兆瓦、价值4亿美元的原子能反应设施。而伊拉克部署在原子反应堆附近的高炮由于不能对着太阳光瞄准射击，萨姆-6导弹又未来得及发射，致使以色列飞机能顺利完成攻击和安全返航。

此外，1967年第三次中东战争中，以色列空军在6月5日早晨，由东向西背着太阳首先对埃及发动了突然袭击。1973年第四次中东战争中，埃及则如法炮制，还以颜色，于10月6日下午2点左右，利用背向太阳的有利时机，向以色列占领地发起大规模的突袭。

中东的阳光是灼热的，中东的阳光似乎比地球上其他地方更强烈一些。第二次世界大战之后，中东的战火几乎没有停熄过，所以中东的阳光在军事行动中也被妙用得更多一些。上述实例证明尽管现代科学技术很发达，但是太阳光或其他各种自然条件，仍然会对作战行动产生很大影响，如能巧妙利用，仍会产生出奇制胜的效果。

士兵的“宠物”

每当人们步入古城西安的兵马俑展览馆，立即就会为那气势宏伟壮观的兵马战阵而激动，而亢奋。两千多年前的烽火硝烟如在眼前，我们仿佛还能听见那隆隆的战鼓、兵刃的撞击声和战马的嘶鸣。这里吸引着千千万万的中外游客，显示着中华民族的勇敢、智慧、力量和文明。

在卷入人类战争战事的动物中，马是元老。直到今天，马仍然在战争中占有主要的地位。我们绝不可能再找出一种别的动物，能像马那样对人类的战争具有如此深远的密切的重要的影响。骑兵的历史和战争史一样久远。“千军万马”这样的成语首先是用来形容战争场面的。项羽的乌锥马，关云长的赤兔马，秦叔宝的黄骠马……千百年来仍被人们津津乐道。此后，车轮和马匹的结合，产生了战车，它们在当时战场上所能起到的作用，绝不亚于今天的装甲车和坦克。继马之后，已被人类驯服，甚至未被人类驯服的种种动物，都在人类的驱使下，参与了战争。印度人曾用大象进行冲锋，直到今天还有大象部队。人们可能记得战国中期田单大摆“火牛阵”的故事，燕军在乐毅率领下，围攻即墨。齐人田单集中了千头牝牛，在牛身上披上五颜六色彩衣，牛角上绑上尖刀，牛尾巴上扎一束浸透油脂的干草，于午夜时分，点燃干草，牛被烧痛，野性大发，千头“火牛”凶猛地冲入燕营，燕军大败，溃不成军。动物是与人类同在一个星球上繁衍生存的。 自从人类有了战争之后，形形色色、大大小小的各种动物，诸如犬、鸽、驼、驴、海豚、海狮、海鸥、蚂蚁、黄蜂、蜘蛛、蝼蛄等都曾经与战争和军事行动有着千丝万缕的联系，人们在撰写文明史、战争史时，是不应当忘记写上这一笔的。

狗——士兵的好助手

狗是人类最早驯养的家畜之一，它同人一起投入了战争。在军队里，狗历来是士兵的好助手。

狗忠于职守，是军营的忠实“哨兵”。据古书记载：“凡行军下营，周有众犬，敌来则犬吠，使营中有所警备，谓之‘犬铺’。”还有的史料说：“营外三百步处，畜犬其中，二十人领之，以监视周密军情，谓之‘狗附’。”

狗机警敏锐，是无言的通信“战士”。据《五代史·张敬达传》记载，契丹兵包围晋将张敬达，军帐连接如山丘，四面放有群犬，晋军中有夜间出来的，通信犬便迅速回营报警搬兵，因此晋兵突围者均被俘获。

狗嗅觉灵敏，是公认的探雷“能手”。有人用嗅觉测量法测出，狗的嗅觉灵敏程度比人高一百万倍，能嗅出200多种不同的气味。第二次世界大战期间，交战国便让狗担负探雷任务，它可嗅出各种壳制的地雷中的火药味，弥补了探雷技术方面的不足。现在又有人用军犬来守卫军港，因为它能凭着灵敏的嗅觉，嗅出蛙人通过呼吸器从水下发出的气味，及时向主人报警。

空中警卫队——空中掩护

空中掩护始于第一次世界大战中期。掩护方法是以歼击机直接在被掩护目标的上空巡逻或驱逐敌机以确保制空权。对空中目标的掩护，主要采用护送飞行、封锁空域或机场的方法，阻击企图攻击己方被掩护编队的敌歼击机。

考古学家们发现，远在公元前4600年，狗就被人们用来守卫营垒。由于狗具有眼观六路、耳听八方的神通和敏捷善跑的能力，即使是在现代化武器高度发达的今天，许多国家的军队里仍然可以看到它服役的身影。

军犬参战建奇功

军犬的使用，古代的亚述、巴比伦、埃及、希腊和罗马等国的军队即已开始。在第一次世界大战中首次大规模使用军犬。德、意、比、法、英等国军队都编有军犬勤务部队。德军总共使用了3万条军犬，法军使用了2万条军犬。在第二次世界大战中，同盟国和轴心国总共使用了25万条军犬。其中美国以2万条军犬编成一支“K-9”部队，用于地雷探测、警卫、传令、侦察、放哨和拉雪橇。

在朝鲜战争中，美国空军使用哨犬担负简易机场和补给品站的警卫勤务，美陆军巡逻队则用军犬进行先头侦察，从而大大减少了遭受伏击的危险。美军步兵第26侦察犬排参加过500多次巡逻。有一条叫做“约克”的侦察犬曾为148个战斗巡逻队担任先头侦察，使这些巡逻队无一人伤亡。

据统计，苏联在卫国战争中共训练了6万多条军犬用于探雷、侦察、爆破、反坦克、通信联络和战场救护等任务。它们共摧毁敌坦克300多辆、抓获俘虏400多人，搜集各种军事情报20多万件，传递作战命令12万次，运送弹药800多吨、清除地雷400多万枚，以至于希特勒曾于1942年1月专门发布了关于与狗作战的命令。在战争中屡建战功的军犬还光荣地出席了莫斯科红场的功勋军犬阅兵式。

军犬炸坦克

苏联卫国战争期间，苏军曾采用以军犬炸坦克的方法，摧毁德军坦克300多辆及许多有生力量。

1941年8月，苏军建立了4个反坦克军犬连，每连有126条军犬。这些军犬是由苏军中央军犬学校训练的。这些经过训练的军犬一般是以排为单位配属到团。作战时，把它们配置在敌人坦克威胁的方向上，靠近反坦克炮兵预备队配置地域，每个引导员及其军犬都挖有一个散兵坑，并有交通壕与堑壕相连。发现敌坦克时，引导员迅速将炸药固定在军犬背上，把简易引信插入炸药的点火索中，打开保险钩，抓住颈带，准备放犬。当敌坦克接近到75～100米距离时，引导员拔出引信，将军犬放出。军犬毫无畏惧地疾速奔向敌坦克，钻到它的底盘下，顷刻之间，敌坦克在猛烈的爆炸声中被炸毁。如果坦克乘员从炸毁的坦克爬出来，军犬引导员则以手榴弹或步兵轻武器消灭之。

军犬复仇记

第二次世界大战期间，苏军军犬“文内尔”随战士斯达罗一起服役。有一次战斗中，斯达罗带着一个班的战士和德军展开了殊死的肉搏战。斯达罗牺牲在德寇的枪口下。“文内尔”见状，嘶嚎着扑向凶手，一口咬下那个德寇的三个手指头。返回驻地，然后，又领着斯达罗的战友亚历山大等红军战士，来到烈士身旁，把凶手的三个指头放在烈士胸前，伏卧在主人的身上……。

战后，亚历山大所在的部队奉命驻守柏林市区。5年后的一天，军犬“文内尔”跟随亚历山大上街执行任务。当一个身着便服的德国人从它近处走过时，它先是驻足一愣，随即愤怒地猛扑上去，死劲地咬住那个人的脖子，把他掀翻在地。亚历山大奋力制止，也无法抑制住文内尔的狂怒。仅几分钟，那个德国人便被咬死了。文内尔也因过度狂怒引起脑出血，倒在亚历山大的脚下，再也没有起来。原来，那个被咬死的德国人手上少了三个手指头，经多方面证实，他正是杀死红军战士斯达罗的德军凶手。

军鸽——古老的“通信兵”

鸽子的飞行能力很强。它有神奇的定向能力和顽强的归巢性，经过专门训练的鸽子可以成为军鸽。军鸽的飞行速度更快，每小时可达100多千米；负重能力强，可负重30克，一天内飞行6～8小时；能在恶劣的自然条件下，甚至受到鹰隼的攻击时，克服千难万险，忠诚笃实地完成任务。军鸽作为军中通信兵的历史源远流长。据法国信鸽博物馆记载，5000多年前，古埃及人和古希腊人已经利用鸽子传递信息，古罗马人最早将鸽子用于军事通信。在我国，相传汉高祖刘邦被项羽围困时，就曾放信鸽求得援兵而解围。张骞、班超出使西域各国时，也曾“飞鸽传书”。唐朝时，在广州就有了专门培养训练信鸽的地方。后来逐渐传至全国各地。此后各朝代，军鸽通信的史料记载就很多了。在欧洲，拿破仑在滑铁卢惨败的消息，最先是由信鸽传入英国的。19世纪后期，几乎所有欧洲国家的军队都正式建立了驯养军鸽的专门机构和军鸽通信联络网。直到现在，军队尽管已经装备了非常先进的通信技术器材，但军鸽仍被认为是不可缺少的。瑞士的现役军人只有4万余人，但在军中服役的军鸽就达4万余羽！法国始终保持着一支信鸽部队。前苏联也很重视军鸽通信，在边防军中就有军犬多、军鸽多、坦克多的说法。现在德国军中已撤销军鸽机构，但鼓励民间养鸽的传统，德皇威廉一世曾亲自担任过德国皇家信鸽协会主席。现在，德国拥有信鸽协会会员25000多人，饲养信鸽10万羽以上，平时用来丰富人们的生活，战时可征集起来为军事服务。在我国，1951年开始将军鸽正式列入军队编制，在广州、沈阳等地设有军鸽饲养训练中心，我军拥有一支训练有素的军鸽部队。随着现代通信技术的发展，这支部队的规模已大大缩编了。

限制自由飞行的区域——空中禁飞区

需长期禁止航空器飞入的，一般划为永久性禁飞区；在短时期禁止航空器飞入的，一般划为临时性禁飞区。由有关军事机关宣布禁止飞入目标的起止时间。执行防空任务的军事机关对未经特殊许可擅自飞入空中禁飞区的航空器有权采取强制性措施。

在现代战争中，军鸽除用来通信联络之外，还可执行引导飞机、空中摄影、识别伪装，侦察敌情等任务。近年来的实验表明，军鸽在核爆炸几分钟后放飞，它可以穿越大面积放射性沾染地区而不受伤害。这样军鸽在未来核战争中又可大显身手了。

军鸽求援

第一次世界大战中，在法国作战的美军远征军在一次激战之后，一部分士兵在阿哥尼前线掉队，与主力部队失去联系，陷入弹尽粮绝的困境。于是，他们放出经过训练的鸽子请求支援。敌军发现后，立即对它射击，鸽子不幸负伤。但它翻了一个筋斗，又直线升空、钻入云层，终于把求援信及时送到了大本营。大本营立即派飞机空投粮食弹药，并轰炸敌人，使这支部队得以突围归来。后来，为奖励这只军鸽，大本营特向它颁发了后勤勋章。这只鸽子死后，被制成标本，陈列在华盛顿国立博物馆，参观者现在仍能看到它胸部的伤疤和那枚闪闪发光的勋章。

军鸽传令

1943 年 11 月 18 日，英国第 56 皇家步兵旅为迅速突破防守严密的德军防线，要求空军支援。但是战事进展异常顺利，德军的防御工事很快被突破，步兵迅速冲过了封锁地带。若空军按原定的时间和地区执行轰炸任务，就会误伤自己人。于是英国步兵旅马上放出军鸽送信要求撤销空军支援。情报送到时，英国飞行员都已经坐进飞机座舱里准备起飞了。从信中注明的时间上知道，军鸽在执行这次飞行 10 多千米的通信任务中，仅用了几分钟时间。英国伦敦市长为此专门授予这只军鸽一枚勋章，相当于维多利亚十字奖章的荣誉。

军鸽取药

对越自卫还击作战中，我军一名战士在前线忽然得了重病，急需到后方医院取药治疗。可是山高路远，来回得走两天，显然来不及。于是他们放出4只军鸽去完成这个任务，半个小时之后，军鸽就把急需的药品带到了前线，使那名战士的病及时得到治疗，重新参加了战斗。

军鸽侦察

越南南方山多林密、地形复杂，侵越美军常遭越南军队偷袭。20世纪60年代，美军在越南南方把灵敏度很高的微型传感器拌在饲料里让军鸽吞入腹中。部队开进时，将鸽子放出，在行军队形的前后左右上空盘旋。一有敌情，鸽子体内的传感器便将情报发回地面，美军指挥机构即根据这些情报采取相应措施，或出击、或设伏、或规避，十分主动。

鹦鹉充当活“雷达”

第一次世界大战期间，雷达还没有出现。德军拥有强大的空军，对英国进行了狂轰滥炸，使英国遭受很大的损失。当时的防空火力还很落后，只要德国飞机一出现在目标区的上空，防御就来不及了。为了提前报警，提前发现敌机，英军想出了各种办法但都不太理想。后来，他们发现鹦鹉具有灵敏的听觉，并且判断力很强，在远距离上就能听到并分辨出飞机的马达引擎声。于是，英国人立即挑选了一批体格好、接受力强的鹦鹉进行专门训练，使它们担负起防空警戒任务。这些鹦鹉被放在预定地点，每当德军飞机飞近，鹦鹉就会很快飞回英军司令部报警，使英军有所准备，减少了伤亡和损失。

蛙鸣助攻

1918年5月，英法联军计划突破德军的松姆河防线。联军指挥官发现，松姆河西段的南岸有一大片沼泽地，每到晚上几十千米方圆内，蛙声四起，便于隐蔽部队的作战行动，而且对岸德军设防也比较薄弱。因此决心将主攻方向选在沼泽地附近。为隐蔽作战，所有兵力调动均在夜间进行，呱呱呱的蛙鸣声把工兵架桥的敲打声和其他一切动静都淹没了。因此，联军的进攻具有很大的突然性，一举攻占了滩头阵地，随即楔入德军防御纵深，松姆河防线即刻便瓦解了。英法联军认为，从某种意义上说，是夜半震耳欲聋的蛙鸣声帮助他们取得了战役的胜利。

鳄鱼助战

1945 年，太平洋战争已近尾声。这年 2 月中旬的一天，在孟加拉湾的兰里岛，英军包围了一支侵缅的日军部队。走投无路的日军，企图从海上寻求救援，然而遭到英国海军的封锁。1000 多名日军官兵，被围困在一片齐腰深的沼泽地里动弹不得。这一带是鳄鱼的巢穴，白天，鳄鱼被枪炮声吓得藏入水中，入夜，湖水退后，凶残的鳄鱼倾巢出动，嘶鸣着，恶狠狠地扑向陷在沼泽地里的日军官兵，惨叫声和怒吼声整整持续了一夜。1000 多名日军官兵几乎都成了鳄鱼的口中佳肴，沼泽地化为一片血海。天亮时，仅 20 余人得以幸免。当地人曾煞有介事地合掌云之谓：报应。

“蝙蝠爆炸”计划

第二次世界大战后期，美国曾花费 200 万美元研究用蝙蝠充当爆破手，向日本进行攻击的计划。这个计划是一位口腔科医生提出来的，他设计了一个塞满凝固汽油胶体的盒子，盒子上配有定时器，用绳子将盒子固定在蝙

> **飞机战术技术性能**
>
> 衡量飞机战斗能力的技术指标。通常包括发动机的数量和功率、飞行速度、上升率、升限、航程、续航时间、起落滑跑距离以及机动性、操纵性、抗干扰性和机载武器的性能、载弹量等。

蝠身上，然后将蝙蝠放入冷冰贮藏器内，使它处于冬眠状态。由飞机将贮藏器投掷到日本国土上，成千上万只蝙蝠飞向各种建筑物，用牙齿咬断身上的小绳，使附在身上的爆炸装置散落四处。时间一到就自动爆炸燃烧。这种“蝙蝠炸弹”重量轻，效率高，一架飞机装载的炸弹可造成4700多处燃烧点，而一般炸弹顶多只有400处。

这个计划得到一些动物学家和化学家的支持，经过试验、取得一定成功。但是也遇到一些问题，例如有的蝙蝠在降落时翅膀被折断。有的“冬眠”后再也没活过来。后来因大战即将结束，美国政府取消了这个研制一百万只“蝙蝠炸弹”的计划。

海豚“服役”

海豚是一种海生动物，似鱼非鱼，虽生活在水中却用肺呼吸。人们一般都以为猿猴是仅次于人类的聪明动物，其实海豚比猿猴还要机灵一些。它的许多奇妙特性一直是动物学家和仿生学家研究的课题。近年来，海豚在国外又开始直接为海军服务，或者说，海豚已正式在海军服役。

海豚的听觉器官特别灵敏，英美等国家的海军就利用这一点，在海豚的耳朵上安上一个集成电路制成的增音器，使海豚的听觉能力再提高几十倍，以便让它侦察和监听来往舰船。海豚的教练员说：海豚比狗容易驯服，智慧比猩猩显得强些。更没有像训练其他动物所遇到的那么多麻烦。现在，海豚被训练担负的任务花样繁多，它可以带着炸药包或水雷直接去炸毁敌方舰船、码头和船坞，也可以刺杀敌方潜水员，保护己方的桥梁、港湾，为舰船导航，护送小型潜艇，救助海难人员，配合己方蛙人执行任务等。美国海军曾经训练成功一头代号为“间谍”的海豚。他们利用这头海豚，把一种微型探测仪秘密地吸附到停泊在某军港的一艘苏联核潜艇的底部。几个星期之后，又令它将这个探测仪回收回来。有关这艘核潜艇的燃料数据，便准确无误地记录下来，从而成功地以海豚窃取了重要的军事情报。总之，海豚在海军的作战中用途广泛，确实可以称其为海军的“好助手”。

海兽在军事上的应用

美国海军“丢失”了一枚火箭，加利福尼亚圣迭戈海军水下研究中心奉命打捞。在这支小小的打捞潜水部队中，有4名正式的海军潜水员：名字分别叫法特曼、阿求希、布库希特和斯考希。其实，这是4头海狮，“军龄”很长，刚一出世它们就“应征”入伍，从一岁起就接受水下搜索训练。先在游泳池中学完基础课，尔后就到海上实习。它们的任务，就是寻找水下打捞目标。到了目标区，教练员用声呐找到了火箭，然后一拍手，喊道:“开始寻找！”法特曼立即轻快地滑入水中、高昂着头，鼻子上架着沉重的“手钳”，这是为打捞火箭专门设计的钳子，顶端一碰到火箭便自动张开，使锁钩搭在火箭上。法特曼的任务就是带着钳子和连接钳子的尼龙绳潜入60米深的海底，找到火箭，然后把锁钩挂在合适的位置，再由人用尼龙绳把火箭拖上来。90秒钟后，法特曼出色地完成了任务。它回到船上，亲吻着教练，直到获得奖赏——一条它所喜欢的鱼。

美国海军是从20世纪60年代中期开始研究把海兽应用于军事的，并建立了研究海洋哺乳动物的试验基地。经过多学科的研究与试验，专家们认为，海洋哺乳动物是保障舰艇日常活动，必要时也可保障战斗活动的新的有效工具，人们可以利用它那敏锐的听觉和深潜能力，完成某些人或人造工具所不能完成的工作。专家们确定在军事上可以用海兽警戒海岸的重要地段、海军基地和舰艇锚泊地寻找、显示、打捞水下的各种海军

武器；扫雷、消灭港湾内敌舰船，协助潜水员工作。美海军为海兽完成上述任务而研制了各种工具、仪器和设备。目前，在上述各项任务中已有部分达到了实用阶段。

1965—1967年，美国海军首次利用海豚找到了在海中60米深处试射的“阿斯罗克”导弹弹头和“天狮星”导弹启动车，并系上了浮标。1967—1968年，美军首次利用海豚寻找装有声学信标的训练水雷，一头海豚在海上4～5级浪和风速14米/秒的情况下工作3天，找到17颗水雷并系上浮标，比潜水员的工作效率高一倍多，1972年，6头海豚在越南金兰湾执行警戒和防止蛙人潜入的任务。此外，美国海军还利用海豚和海狮配合在水下60～180米深的潜水试验室的实验工作。

活跃在越南战争中的动物

越南战争中，美军和越军都将受过特殊训练的动物用于战争。除了常见的马、犬、鸽外，还利用其他的动物。如美军曾用鹅看守桥梁。鹅的习性是：当有人接近时就叫个不停，可起到报警的作用。据说，鹅在看守西贡桥梁时，收到了良好的效果。

越军在利用动物方面点子也很多。他们有时放出猫在美军军犬的警戒地域乱窜，吸引美军军犬的注意力；有时放出狗熊窜入美军阵地对其士兵进行骚扰；用水牛群趟美军的地雷场；还对难以驯服的狐狸进行特殊训练，使其在夜间专向有亮光的地方跑；在狐狸的背上捆上炸药包，炸毁美军的军营或弹药库等等。

潜艇上服役的鼠和鸽

在潜艇发展史上，鼠和鸽曾起过特殊作用。它们的任务分别是检测潜艇舱室内的二氧化碳浓度和传送遇难求救信号。

因为鼠对二氧化碳有敏感的生理反应，日本早期潜艇出航时，每次都要带几只小老鼠，潜航时经常注意观察它们，如果鼠的动作迟钝说明舱内二氧化碳的浓度高了，需要上浮进行通风换气。在现代潜艇上，是用光干涉二氧化碳分析仪或红外线二氧化碳分析仪等先进仪表来监测舱室的空气成分的。但有的科学家仍认为，再精密的仪器也有疏漏，而有生命的动物监测与高技术仪器结合才更加可靠。

潜艇上携带军鸽主要是被用来作潜艇救难的通讯工具。当潜艇在水下发生故障时，把携带着求救信的军鸽放进一只特制的金属筒，再在筒内充入少量压缩空气，通过一个特殊装置把鸽筒放漂到海面，靠筒内压力自动打开筒盖，鸽子就可以远走高飞，把求救信息传回潜艇基地。现代潜艇上的无线电信号浮标，可以说是以往信鸽漂浮装置的进一步发展。

空中交警——飞行管制

世界各国飞行管制的体制，依国情而定，主要有四种形式。政府设立专门飞行管制机构，统一管制军用、民用航空器在管制空域内的飞行；指定军事飞行管制机构代表国家，统一管制军用、民用的飞行活动；军航、民航共同管制；军航、民航分设飞行管制机构，互派人员，协调工作。